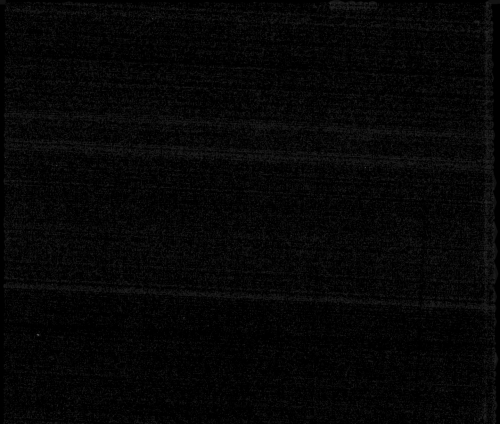

프로코피우스의
비잔틴제국 비사

Procopius : The Secret History, translated by Richard Atwater,
(Chicago : P. Covici, 1927 ; New York : Covici Friede, 1927)

프로코피우스의
비잔틴제국 비사

초판 1쇄 인쇄 2015년 11월 15일
초판 1쇄 발행 2015년 11월 25일

저자 프로코피우스
역자 곽동훈

펴낸이 양은하
펴낸곳 들메나무 **출판등록** 2012년 5월 31일 제396-2012-0000101호
주소 (10446) 경기도 고양시 일산동구 백석로86번길 74-8 201호
전화 031) 904-8640 **팩스** 031) 624-3727
전자우편 deulmenamu@naver.com

값 15,000원
ⓒ곽동훈, 2015

ISBN 979-11-86889-01-5 03920

이 도서의 국립중앙도서관 출판예정도서목록(CIP)은 서지정보유통지원시스템 홈페
이지(http://seoji.nl.go.kr)와 국가자료공동목록시스템(http://www.nl.go.kr/kolisnet)에
서 이용하실 수 있습니다.(CIP제어번호: CIP2015030625)

프로코피우스의

비잔틴제국 비사

Procopius : The Secret History

프로코피우스 지음 | **곽동훈** 옮김

들메나무

❖

"(비잔틴제국이라는 길을)
프로코피우스라는 안내자를 따라
걸을 수 있으니 얼마나 행복한가!"

- 에드워드 기번, 『로마제국 쇠망사』 중에서

일러두기

1. 이 책은 1926년 리처드 앳워터가 번역한 『The Secret History』 영역본을
   텍스트로 하여 우리말로 번역한 것입니다.
   Procopius : The Secret History, translated by Richard Atwater,
   　(Chicago : P. Covici, 1927 ; New York : Covici Friede, 1927)
2. 인물과 지명 등의 이름은 고대로마 식 발음에 최대한 충실하게 따랐습니다.
   단, 병기된 영문은 영문판 번역본에 있는 것을 그대로 사용했습니다.
3. 본문의 사진과 각주는 모두 독자의 이해를 위해 편의상 추가한 것임을 밝힙니다.

프로코피우스와 유스티니아누스의 시대

6세기경 유스티니아누스 황제(Justinianus I, 재위 527~565)가 지배하던 비잔틴제국의 역사가 프로코피우스(Procopius of Caesarea, 490경/507경~560경)는 그리스의 헤로도토스(B.C. 484경~B.C. 425경)와 투키디데스(B.C. 460경~B.C. 400경)로부터 시작해, 로마의 타키투스(55경~117경)와 수에토니우스(69경~122경)로 이어지는 고대 역사가 중 가장 마지막 세대에 속하는 사람입니다.

사실 그는 유스티니아누스의 치세를 기록한 거의 유일한 역사가이기도 합니다. 그는 원로원 의원으로서 당시의 황실 사정에도 해박했을 뿐 아니라, 유스티니아누스 시대의 고토(古土) 회복을 주도한 벨리사리우스 장군(Flavius Belisarius, 505경~565)의 비서로서 원정에도 직접 참여했습니다. 프로코피우스는 첫 번째 페르시아 원정(527~531)과 후일 아프리카의 반달족 원정(533~534), 그리고 이탈리아의 동고트족 정벌(540) 당시 벨리사리우스의 곁에 있었습니다.

이후 오늘날 의학계에서 '유스티니아누스 역병'이라 부르는 콘스탄티노플의 대역병(542)을 목격하기도 했지요. 참고로 오늘날의 학자들은 아마도 이 역병이 페스트였을 것으로 추정하고 있습니다(법학계에서 황제는 『유스티니아누스 법전』으로 유명하지요).

하지만 이 외에 프로코피우스의 생애 전반에 대해서는 잘 알려져 있지 않습니다. 그가 벨리사리우스의 원정들을 기록한 『전쟁사(On the Wars)』와 유스티니아누스 황제의 비위를 맞추기 위해 황제의 건축 사업에 대해 서술한 『건축론(On the Buildings)』, 그리고 이 책 『비사(祕史)』가 현재 남아 있는 그의 저서들입니다.

책의 내용으로 보아 550년경 쓰여진 『비사(원제 The Secret History)』〔혼히 그리스어로 Ἀπόκρυφη Ἱστορία Apókryphe Istoría', 로마자 알파벳으로 줄여서 Anecdota라는 제목으로 알려져 있는데, 이는 '일화(anecdote)'의 복수형이 아니라 '출간되지 않은 것들'이란 뜻이다〕는 유스티니아누스 황제와 테오도라 황후(Theodora, 497경~548)의 성정과 실정에 대한 엄청난 공격으로 가득 차 있습니다.

저자는 유스티니아누스 황제와 테오도라 황후의 보복이 두려워 그가 『전쟁사』에 차마 담지 못했던 이야기를 여기에 썼다고 말하고 있는데요. 어떤 부분은 좀 지나치다 싶을 정도로 사적인 감정이 담겨 있습니다. 하지만 유스티니아누스 시대를 파악하는 데 있어서, 저자의 말대로 이 책은 『전쟁사』와 『건축론』을 보충하는 중요한 사료 역할을 합니다.

또한 로마사의 권위자 중 하나인 영국의 역사가 에드워드 기번(Edward Gibbon, 1737~1794)도 『로마제국 쇠망사』에서 이 책을 포함한 프로코피우스의 저서들을 엄청나게 많이 인용하고 있는데요. 기번은 우리나라에도 번역되어 나온 6권까지의 전질 중에서 거의 한 권, 페이지로는 거의 300페이지가 넘는 분량을 유스티니아누스 시대에 할애하고 있습니다. 아마도 프로코피우스의 도움이 없었다면 이 같은 기술은 불가능했을 것입니다.

오늘날 우리가 흔히 비잔틴제국이라고 부르는 동로마제국은, 서기 476년 야만족(게르만족)의 수장 오도아케르가 이탈리아 반도에 있는 도시 로마에 입성하면서 '서로마의 멸망'과 함께 자연스럽게 분리되었지만, 실제로는 콘스탄티누스 황제가 로마의 수도를 비잔티움(콘스탄티노플의 옛 이름)으로 옮기면서 그 역사가 시작되었다고 봐도 무리는 아닙니다.

라틴 문화가 강했던 '서로마'와는 달리 동로마는 좀 더 동양적이고 많이 그리스적이었습니다. 라틴어보다는 그리스어를 많이 썼고, 궁정에서는 황제에게 머리를 땅에 붙이는 절을 하는 동양적인 의전이 이루어졌습니다. 이 책의 저자 역시 6세기 콘스탄티노플에서 사용했던 그리스어로 책을 썼고, 황제 앞에서는 부복하고 절을 했지요.

하지만 그러한 차이에도 불구하고 비잔틴제국 사람들은 자신들이 '동로마'에 살고 있다고 생각하지 않았습니다. 그들은 그냥 로마 시민이었죠. 사실 그 당시에는 '비잔틴제국'이란 용어를 쓰는 사람 역시 아무도 없었습니다. 비잔틴제국이란 17세기 유럽 역사가들이 붙여준 이름인걸요.

'로마' 황제로서 당연한 발상이라고 할까요? 유스티니아누스 황제는 재위 기간 동안 잃어버린 고토를 회복하는 데 매진합니다. 다행히 그의 휘하에는 유능한 장군 벨리사리우스가 있었는데요. 그는 고트족이 지배하던 이탈리아, 반달족이 지배하던 북아프리카, 그리고 동쪽의 변경을 넘보는 페르시아군을 모두 물리치고 로마의 과거 전성기에 버금가는 영토를 회복합니다.

프로코피우스는 젊은 시절부터 이 벨리사리우스 장군 옆에 바짝 붙어서 그의 활약상을 지켜보았고, 그 관찰을 바탕으로 8권으로 된 『전쟁사』를 기술합니다. 그런데 이 책『비사』에서는 그의 한심한 모습들만을 기록했기 때문에 이 책만 보고 벨리사리우스가 멍청한 공처가이기만 했다고 오해해서는 곤란합니다.

사실 그는 율리우스 카이사르(Gaius Julius Caesar, B.C. 100~B.C. 44) 이래 가장 위대한 로마 장군일지도 모릅니다. 카이사르는 로마의 전성기 때 가장 잘 훈련된 병사들을 데리고 갈리아를 정복했지만, 벨리사리우스는 로마의 쇠퇴기에 훈련이 엉망인데다가 대부분 야만인으로 구성된 오합지졸들을 데리고 이탈리아와 아프리카의 정복 사업을 완수한 것입니다.

그러나 로마제국의 영광을 되살리려는 유스티니아누스의 사업은 돈이 많이 드는 일이었습니다. 엄청난 규모의 군대를 해외로 파견해서 그 모든 지역을 정복할 때까지 보급을 유지해야 했으니까요. 당연히 비잔틴제국 시민들이 그 부담을 져야 했지요. 그보다 더 큰 문제는 비잔틴제국의 군대가 고토를 회복할 능력은 있었지만, 그 땅을 지킬 능력은 없었다는 겁니다.

　　그리하여 유스티니아누스의 시대가 끝나자마자 이탈리아는 다시 야만인들의 차지가 되었고, 북아프리카는 사라센인들이 점령하고 맙니다. 무함마드가 창시한 신흥 종교인 이슬람교로 정신 무장을 한 사라센인들은 소아시아의 상당 부분도 덤으로 가져가지요.

　　결과적으로 제국은 힘만 빼고 신민들 고생만 시켰다고 할 수도 있습니다. 프로코피우스가 이 책에서 말하는 요지 중 하나도 바로 그것인데요. 그의 지적이 과장되긴 했지만 일리가 있습니다.

　　그런데 이 책을 읽다 보면, 간혹 프로코피우스가 유스티니아누스에 대한 증오심 때문에 거짓 진술을 하고 있지는 않은지 의심스러울 때도 있는데요. 특히 프로코피우스는 유스티니아누스와 황후 테오도라, 벨리사리우스와 그의 아내 안토니나의 사생활에 대해서 때로는 지나치게 극단적이어서 믿기 어려운 이야기를 서술했기 때문에, 이 저서 자체의 신빙성을 의심받기도 합니다.

하지만 당시의 미신적인 믿음에 기초한 기술의 사실성은 기각하는 게 마땅하겠지만, 그 외의 대부분의 내용은 믿어도 좋을 것 같습니다. 참고로 에드워드 기번은 "『비사』에 나오는 이야기 중, 공적인 역사서에서는 신중하게 살짝 언급하는 정도로만 처리한 매우 불명예스러운 사실들까지 그 내적 증거와 당대의 권위 있는 문헌에 의해 확인되고 있다"라고 말하고 있습니다.

그런데 비잔틴제국의 전성기 중 하나라고 할 수 있는 유스티니아누스의 시대를 기록한 대표적인 역사가의 작품들이 아직 우리나라에 소개되지 않았던 까닭은 무엇일까요? 아마도 로마제국에 쏟았던 커다란 관심만큼 서로마 멸망 이후 독자적인 모습으로 성장한 동로마에까지 우리나라 독자들의 관심이 미치지 못했던 것이 가장 큰 이유 중 하나겠지요.

어쩌면 프로코피우스의 여러 저서들을 번역하고자 했던 분들은 있었지만, 가능한 원저자가 쓴 원전 언어를 한국어로 번역하려다 보니 프로코피우스가 서술한 6세기경 비잔틴제국에서 썼던 그리스어가 우리나라 연구자들에게는 지나치게 생소했을 수도 있습니다. 프로코피우스의 언어는 고대 그리스어에 익숙한 연구자들이 읽는 플라톤이나 소포클레스의 그리스어와는 1,000년 정도의 역사적 거리가 있으니까요.

참고로 저는 1926년 리처드 앳워터가 번역한 영역본을 원본으로 하여 한글로 번역했습니다. 앳워터가 쓴 서문만 봐도 아시겠지만, 그는 고대 그리스·로마 문화에 해박한 훌륭한 번역자입니다. 또한 그는 부인과 함께 부부 작가로도 유명하지요. 저는 역자로서 그의 유려한 문체를 살리려고 노력했습니다만, 어느 정도까지 성공했는지는 잘 모르겠습니다.

마지막으로 한마디 덧붙이자면, 번역을 하면서 무척 즐거웠습니다. 개인적으로 고대 그리스와 로마 작품들 중 이만큼 재미있는 작품은 드물다고 생각합니다. 당대를 살아가는 사회인으로서 정치적 입장 따위는 전혀 고려하지 않고, 개인적인 감정까지 모두 담아 지독하게 써내려간 비망록이라고나 할까요. 고전 작품 중에 이런 경우는 정말 드물죠. 아무쪼록 독자 여러분도 저처럼 재미있게 읽어주시기를 바랄 뿐입니다.

역자 곽동훈

  비잔틴시대 로마제국의 많은 저명인사들이 그러했듯이, 역사가 프로코피우스도 라틴 사람이 아니었다. 500년경 팔레스타인의 카이사레아(Caesarea)에서 태어난 그는, 이 책 본문에서도 말하고 있듯이 영적인 이유에서보다는 신변 보호를 위해 기독교를 받아들인 사마리아 사람들 중 하나였던 것으로 보인다.

  프로코피우스가 책 곳곳에 써놓은 종교에 대한 언급을 보면, 그가 에드워드 기번의 말처럼 "그리스·로마 종교와 철학에 대한 은밀한 경도와 함께 자기 시대의 종교를 배반"한 것까지는 아니더라도, 적어도 가톨릭의 교리가 무오류는 아니라고 생각하는 비판자의 모습을 볼 수 있다.

  또한 우리의 역사가가 때때로 그리스적인 단순성과 이단자 살해에 대한 비정통파적인 혐오를 드러낼 때, 우리는 그가 로마인이기 전에 먼저 수사학자였다는 점을 기억해야 한다. 왜냐하면 수사학이란 헬레니즘 문학의 유혹적인 사이렌(Siren)[1]과 오랜 교류를 요하는 학문이기 때문이다. 그리고 한때 아이스킬로스(Aeschylus)[2]와 사포 (Sappho)[3]의 언어와 씨름했던 사람은 언제라도 아르카디아(Arcadia)[4]가 아닌 다른 모든 나라를 무시하기 마련이다.

20대 중반의 젊은 프로코피우스가 콘스탄티노플로 여행하면서 자신이 또 다른 아테네의 리시아스(Lysias)[5]가 되기를 기대했다면, 그는 아마 실망했을 가능성이 높다. 그가 레안드로스(Leandros)가 헤로(Hero)를 만나기 위해 뛰어들던 그 바다를 지나[6], 한때 아르고 호

---

1 그리스 신화에 나오는, 선원들을 유혹하는 사이렌을 의미.
2 고대 그리스의 극작가.
3 고대 그리스의 여류 시인.
4 그리스를 가리키는 말.
5 고대 그리스의 유명한 연설문 작성자.
6 레안드로스와 헤로는 그리스 신화에 나오는 연인들이다. 헬레스폰투스 해협을 사이에 두고 레안드로스는 아시아 쪽에 살던 청년이고, 헤로는 유럽 쪽 아프로디테 신전의 신녀(神女)였다.

의 선원들이 움직이는 바위 사이로 용감하게 노를 젓던 바다를 지나 도착한 곳은 웅장하지만 혼란스럽고, 음모와 잔인성이 판치는, 화려하지만 미친 황도(皇都)였던 것이다.

물론 한동안은 사마리아의 조용한 시골과 상상 속 테오크리토스(Theokritos)[7]의 목가적인 고요에서 벗어나 만화경 같은 세계의 수도가 주는 흥분 속에서 이 젊은이는 세속적인 성공을 꿈꾸었을 것이다. 이 수사학자의 임무 중에는 웅변술 강의와 법정 변호사의 역할도 있었는데, 프로코피우스는 양쪽에서 상당히 유능했던 것으로 보인다. 그리하여 527년 그는 위대한 장군 벨리사리우스의 비서로 임명되어 장군의 페르시아 원정에 동행한다.

프로코피우스는 이 새로운 역할에서도 곧 두각을 나타내서 몇 가지 특수하고도 중요한 임무를 맡게 된다. 그는 533년 벨리사리우스

---

7 고대 그리스의 목가 시인.

의 반달족[8] 원정에도 동행했으며, 535년 이탈리아의 동고트족을 치러 갈 때도 함께 있었다. 그는 540년 라벤나[9] 함락 이후 콘스탄티노플로 돌아와 유명한 저작 『전쟁사』의 집필을 시작하고 완료했다. 이 방대한 저작은 로마의 대(對) 페르시아 전쟁(408~553)을 다룬 2권과 아프리카의 반달족을 상대한 전쟁(395~545)을 다룬 2권, 그리고 대(對) 고트족 전쟁을 다룬 4권(마지막 권은 559년까지 이르는 기간 동안을 설명한 보충서임)으로 구성되어 있다.

그의 『전쟁사』는 로마와 아시아의 영향을 받은 아티카어인 '코이네 그리스어(Koine Greek)[10]'로 쓰여졌고(코이네 그리스어와 고전 그리

---

8 당시 로마의 아프리카 속주를 장악했던 야만족.

9 고대 이탈리아의 주요 도시 중 하나. 여기에도 황궁이 있었음.

10 아티카 방언의 일종으로 주로 비잔틴제국에서 사용하던 그리스어이다. 현대 그리스어의 모태가 되었으며, 신약성서의 언어이기도 하다. 흔히 '그리스 문학' 하면 떠올리는 호메로스나 소포클레스, 혹은 철학자 플라톤의 언어와는 다르다.

터키의 사카르야 강 위에 놓인 상가리오스 다리(Sangarius Bridge).
유스티니아누스 시대의 건축물 중 하나이다.

스어의 차이는, 현대 영어와 셰익스피어 문장의 차이를 연상하면 된다), 정
형화된 상투구(常套句)를 많이 사용했다는 약점에도 불구하고 투키
디데스와 헤로도토스의 문장에 뒤지지 않는, "당시의 학문 수준을
감안할 때 두드러지게 뛰어난 작품"으로 평가받아온 귀중한 가치를
지닌 작품이다.

　불행하게도 프로코피우스는 『전쟁사』를 쓸 당시 각 원정에 대하
여 질투심 많은 황제를 감안해서 조심스럽게 쓰기보다는 가능한 한
진실에 가깝게 쓰려고 노력했기 때문에, 벨리사리우스의 위대한 성
공을 유스티니아누스가 자신의 신하에게 기대한 것 이상으로 찬양
하고 말았다. 간단히 말해, 황제는 『전쟁사』를 읽고 심기가 매우 불
편해졌다.

　프로코피우스는 황제의 호의를 회복하기 위해, 혹은 자기 머리를 어깨 위에 보존하기 위해 즉시 독재자가 자신의 건축적 재능을 자랑하고자 제국 전역에 건설한 건축물들을 묘사하는 『건축론』의 저술에 착수한다. 이 책에서 그는 거의 노예를 연상케 하는 아첨으로 일관하면서 자신의 목적을 달성했다.

　새로운 저작에 만족한 황제는 그를 원로원 의원으로 만들어주었다. 하지만 역사학자의 토가에 둘러진 진홍색 띠는 그의 양심을 위로하지 못했다. 『전쟁사』를 쓰면서도 일부 사건들에 대해 윤색해야 했지만, 『건축론』은 순전히 유스티니아누스를 거짓으로 찬양하기 위해 쓴 것이어서 그리스 문화를 이어받은 이 작가의 정직한 마음에는 수치심이 일었다.

그래서 프로코피우스는 이 변덕스러운 독재자와 그의 비인간적인 황후, 그리고 그들의 타락한 궁정에 대한 모든 진실을 글로 남기기로 결심했다. 물론 그가 쓴 것은 유스티니아누스의 생시에는 출간할 수 없었고, 아마도 프로코피우스 본인이 살아 있는 동안에도 세상으로 내보낼 수 없었을 것이다.

하지만 이 『비사』는 최소한 후세들에게는 전해져, 프로코피우스의 다른 책들에서 유스티니아누스의 업적에 대해 읽은 미래 세대들이 황제의 잔인성과 속임수 등 그의 모든 악덕에 대해서도 알 수 있게 될 것이다.

이 『비사』는 559년 완성되었는데, 작가의 말에 따르면 그때가 유스티니아누스 치세 32년째인 해였다. 유스티니아누스 황제는 38년간 (527~565) 재위했다.

그리고 『비사』가 계속 비밀로 남아 있었던 것은 거의 틀림없다. 왜냐하면 562년에 황제는 프로코피우스를 콘스탄티노플 지사로 임명했기 때문이다. 그리고 3년 후 유스티니아누스 황제는 사망했다. 프로코피우스가 그보다 오래 살았는지는 알려지지 않고 있다.

다행히 그의 『전쟁사』, 『건축론』 그리고 『비사』는 살아남아서 그의 시대를 말해주는 위대한 자료가 되었다.

★ ★ ★ ★ ★

역사가라는 직업은 흥미롭지만 결코 쉬운 일이 아니다. 사람들이 믿고 싶어 하는 것을 위주로 쓰면, 역사가는 자주 양심을 어기게 된다. 모든 진실을 다 밝혀버리면, 폭풍 같은 분노가 그를 덮칠지도 모른다. 역사를 기록하는 소수만이 프로코피우스처럼 다른 책으로 두 가지 측면을 모두 기록함으로써 그 어려움을 해결했다.

하지만 그는 『비사』를 쓰면서 후세의 세대들이 그가 기록한 것을 믿지 않을까 걱정했다. 그는 "그들이 나를 픽션 작가로 보거나, 심지어 시인들 중에 넣지 않을까 두렵다"라고 썼다. 그는 이런 걱정을 할 필요가 없었다. 오늘날 프로코피우스의 이름을 알아보는 이들조차 몇 되지 않는 것이다. 대부분의 사람들은 프로코피우스란 이름을 무슨 종양이나 식물의 학명으로 착각할 것이다.

대학의 그리스어 교실에서도 프로코피우스를 읽지 않는다. 왜냐하면 그는 후기 로마 작가이기 때문이다. 라틴어 교실에서도 그를 다루지 않는다. 왜냐하면 그는 그리스어로 책을 썼기 때문이다. 물론 유스티니아누스의 시대를 다루면서 프로코피우스에게 빚지지 않은 로마사 책은 없다. 하지만 사람들은 그 빚을 잘 인식하지 못한다.

프로코피우스의 그리스어를 읽으면서 열광했던 에드워드 기번은 자신의 『로마제국 쇠망사』에서 『비사』, 『전쟁사』 등을 자유자재로, 때로는 흥을 내며 인용했다("프로코피우스라는 안내자를 따라 걸을 수 있으니 얼마나 행복한가!"). 하지만 오늘날에는 기번의 책조차 읽는 사람이 많지 않다. 기번은 일생을 바쳐 제국의 몰락을 경이로운 필체로 묘사했고, 동시대인인 식민지 사람 워싱턴(Washington)[11]은 새로운 로마를 하나 건설하고 있었다. 이 두 사람의 인생을 비교해서 기록할 플루타르크(Plutarch)[12]는 어디에 있는가?

워싱턴 장군이 밸리 포지(Valley Forge)[13]의 상황과 마주하여 외국의 관여를 피하는 문제를 심각하게 고민하고 있을 때, 저 대서양 건너편에서는 통통한 에드워드 기번이 한 손으로는 프로코피우스의 저서를 한 페이지씩 넘기고, 다른 손으로는 마데이라(Madeira) 와인[14]을 여섯 잔째 들고, 테오도라 황후의 모습을 떠올리기 위해 고심하

---

11 조지 워싱턴을 비롯한 미국 건국의 주역들이 로마의 공화정을 모방한 것은 유명한 사실이다.

12 플루타르크는 『영웅전』에서 항상 비슷한 업적을 이룬 영웅 두 사람의 생애를 소개하고, 뒷장에 두 사람을 비교하는 글을 첨부했다.

13 미국 독립전쟁 초기 대륙군이 주둔하던 곳.

14 북아프리카 서부 포르투갈령 마데이라 섬에서 생산한 와인.

고 있었던 것이다. 기번은 "그녀의 이상한 신분 상승은 여성적 미덕의 승리라고 찬양하기 어렵다"라고 쓰거나, 혹은 아홉 번째 잔을 들이켠 후 비단을 온몸에 감은 비잔틴시대 귀부인의 사치스러운 습관을 묘사하며, "헐벗은 비단의 굴곡 사이로 언뜻 비치는 투명한 부인의 살결" 따위의 문구를 고안하고 있었던 것이다.

그런데 한 세기 후에 『로마제국 쇠망사』를 다시 편집한 밀먼(Henry Milman)이라는 사제가 기번의 글을 읽으면서 "여기서 분명 기번 씨가 실수한 것이 틀림없다. 종종 과장하기는 하지만 절대로 틀린 표현을 쓰지는 않는 기번 씨가 여기서는 '투명한 비단의 굴곡 사이로 언뜻 비치는 헐벗은 부인의 살결'로 쓰려고 했을 것이다"라고 주석을 달 줄을 예측했다면, 기번은 아마도 코웃음을 치고 말았을 것이다.

그런데 알고 보면 프로코피우스의 『비사』를 역사상 최악의 문학작품이라고 선언한 사람도 바로 밀먼 씨였다. 따라서 이분의 주장은 무시해도 될 법하다. 왜냐하면 확실한 정통이라고 할 수 있는 바티칸 도서관이 인류의 위대한 기록 중 하나로 오랜 세기 동안 이 원고를 보존할 가치가 있다고 판단했으니 말이다.

사전 편찬자 수이다스(Suidas)[15]는 1100년경 이 책을 일컬어, "진정한 신앙의 수호자이시며, 신성한 동서 로마제국의 지배자이신 우리 주님과 유스티니아누스 황제 폐하, 테오도라 황후 폐하의 신의 은총에 따른 성결한 치세인 6세기의 상당 부분을 기록한 중요한 문서"라고 언급한 바 있다. 이후 1548년 바로니우스(Baronius)[16]는 이 중요한 작품이 사라졌음을 한탄했는데, 실은 그의 소관인 바티칸 도서관에 소장되어 있었던 것이다. 그 후 어느 날 그보다 더 부지런한 사서가 이 『비사』를 발견했고, 1623년 처음으로 출판됐다. 최초의 영어판 번

---

15 10세기 비잔틴의 백과사전 『수다(Suda)』를 썼다고 전해지는 전설적인 작가.
16 중세 바티칸의 추기경이자 역사가. 지금도 바티칸 출판부는 그의 이름을 빌려 '바로니우스 출판'이라는 이름으로 불린다.

역은 1674년에 나왔다.

그러나 '글자 하나하나 완전한' 영어 번역판이 나온 것은 1896년이나 되어서였다. 누군가 아테네에서 사적으로 단 255부만을 찍어냈는데, 이 책에 등장하는 직설적인 용어를 사용해 만든 모호한 문장들은 빅토리아 시대의 한탄할 만한 학계 풍토를 증거하는 희소한 기념물이 되었다. 영어란 언어는 프랑스어나 그리스어처럼 섬세할 수도 있으나, 누군가 마음먹으면 야만스러울 정도로 거칠게 될 수도 있는 듯하다.

하지만 최근 제임스 브랜치 카벨(James Branch Cabell)[17]의 작품이 까다로운 독자들까지도 만족시키는 영어의 길을 열어준 것 같다. 그래서 이제 오늘날의 번역자들은 『비사』의 가장 내밀한 부분까지도 그리스어의 생생한 원래의 어감을 살리면서, 더 이상 원의(原意)를

---

17 20세기 초 미국에서 활동한 작가.

가리기보다는 저자의 뜻과 저자의 부드럽고 섬세한 비유를 충실하게 전달하는 번역을 제공할 수 있을 것이다.

★　★　★　★　★

　비잔틴제국의 역사에 밝지 않은 독자라면 왜 라틴 역사가가 그리스어로 집필했는지 궁금해질 수도 있다. 콘스탄티누스 황제 시대에 로마제국의 수도가 이탈리아에서 비잔티움으로 옮겨간 것을 상기하면 좋다. 비잔티움은 이미 수세기 동안 헬레니즘의 영향 하에 있었지만, 콘스탄티노플이란 새로운 이름하에 그리스적인 성격을 계속 보존했다.

　정복당한 그리스인들이 그들의 정복자 로마인들을 은밀히 노예로 만들었다는 옛말이 있다. 그리하여 동방의 그레코-로만제국은 곧 로마보다는 그리스에 가깝게 변해갔던 것이다. 유스티니아누스가 권좌에 앉았을 때, 도시 로마는 이탈리아 반도 전체와 함께 고트족의 손 안에 들어가 있었다. 그들은 비잔틴제국의 로마인들을 가리켜 경멸하는 말투로 그리스인들이라고 불렀다.

유스티니아누스와 그의 영명한 장군 벨리사리우스는 잃어버렸던 모국의 땅을 되찾았고, 리비아 지방[18]도 수복했다. 그래서 한동안 제국은 초기의 영광을 완전히 되살린 듯 보였다. 하지만 그것은 꺼져가는 불꽃의 마지막 광휘였다.

폰테이우스(Fonteius)란 이름의 한 로마인은, 로마제국은 로마의 언어를 잃어버릴 때 몰락할 것이라고 예언한 적이 있다. 그리고 유스티니아누스의 경호대 대장이었던 리두스(Lydus)는 저서 『집정관들 (De Magistratibus)』에서 당시 공문서의 용어가 라틴어에서 그리스어로 바뀌는 불길한 경향에 대해 불평하고 있다.

---

18 북아프리카를 뜻함.

하여간 유스티니아누스는 일시적이긴 해도, 5세기 전 최초의 위대한 아우구스투스가 남겼던 것과 유사한, 로마제국의 영토로 둘러싸인 '우리의 바다(Mare Nostrum)[19]'를 다시 한 번 만들었고, 하나의 국가, 하나의 교회, 하나의 법이라는 원칙으로 다스렸다. 국가는 '유스티니아누스'였고, 교회는 정통파 '가톨릭'이었으며, 법은 재정비되고 통합되었던 강력하고 영속적인 '유스티니아누스 법'이었다(이를테면 바바리아에서는 1900년까지도 이 법률의 정의들을 사용했다).

『비사』는 이 통일성이 얼마나 엄격하고 심지어 잔인하게 강제되었는지 알려준다. 그리고 프로코피우스는 이탈리아와 아프리카 그리고 스페인의 재정복을 위해 야심찬 황제의 억압받는 신민들이 얼마나 큰 대가를 치러야 했는지도 말해준다. 결국 이 재정복은 아무런 보람도 없는 일이었다. 왜냐하면 유스티니아누스의 후계자들이 즉

---

19 지중해를 말함.

시 서방 영토에 대한 지배를 포기했기 때문이다.

오늘날에는 유스티니아누스가 만든 물질적인 기념물, 즉 성 소피아 성당만이 여전히 자리를 지키고 있어서, 콘스탄티노플에 있는 그 뾰족탑들로부터 신실한 자들이 여전히 기도하러 찾아온다. 다만 아이러니한 것은, 기독교력 1453년부터 이 로마 교회에서 받들어온 신은 바로 무함마드의 '알라'라는 사실이다.

제국의 최종적 몰락에 대해서라면, 우리가 본 바와 같이 유스티니아누스의 시절에 이미 조짐이 있었다. 하지만 가을 단풍은 유난히 화려한 법. 로마의 가을도 이 법칙의 예외가 아니었다. 프로코피우스의 콘스탄티노플은 오늘날 삼류 극장의 비잔틴 양식 건물처럼 천박한 취향에 걸맞은 화려한 곳이었다.

이 도시에서 옛 비잔티움의 속된 그리스어가 골목마다 울려퍼졌다. 헤라클레스의 기둥[20]에서 기독교로 개종한 유대인들과 함께 노를 젓다 온 선원들, 페르시아에서 온 사절과 스파이들, 반달족, 서고트족, 동고트족 그리고 모든 야만 부족의 사자들이 조락한 메트로폴리스를 경멸의 시선으로 바라보는 가운데, 일군의 근위대 소대가 행진하며 지나갔고, 그 옆을 항상 화려한 옷을 입은 고급 창녀 무리들이 깔깔거리며 지나가는 군인들에게 휘파람을 불어댔다. 그 옆에는 아마도 귀족의 띠를 덧댄 유행 지난 토가를 입은 어떤 로마인(이름은 '데모스테네스' 따위의 그리스 식 이름이었을 것이다)이 황제의 명에 따라 투표하기 위해 원로원으로 터벅터벅 걸어가고 있었을지도 모른다.

날카로운 단검을 망토 안에 감춘 히포드롬의 청색파와 녹색파는 만나기만 하면 유혈의 난장판을 만들었다. 비만한 환관들은 기묘한 자만심으로 코를 높이 쳐들고 어기적거리며 다녔는데, 사실 이들이 한 번 찡그릴 때면 누구의 재산이 압수당할지 몰랐고, 이들이 호통을 치면 누구의 생명이 끝날지 몰랐다.

---

20 지브롤터 해협을 말함.

그리고 포럼에서는 하룻밤의 사랑에서부터 원로원의 의결까지 뭐든지 살 수 있었다. 보통 아가씨는 구리 동전 한 닢이면 충분했고, 판사의 호의를 사려면 물론 금화가 필요했다. 하프나 플루트를 연주할 수 있는 아가씨는 좀 더 비쌌다. 물론 테오도라의 궁정에 있는 숙녀들에 비할 바는 아니었지만 말이다.

황후 본인도 확실히 정숙하고 경건한 모습을 보여주었다. 물론 사람들은 예전에는 황후가 다른 모습이었다는 사실을 알고 있었다. 하지만 어디나 황후의 스파이가 있었기 때문에 아무도 그 '예전' 이야기를 하지 않았다. 프로코피우스 같은 사람조차 아무데서도 테오도라의 옛 시절 이야기를 하지 않았다.

그런데 프로코피우스란 이름을 지닌 또 다른 사내가 있었으니, 그는 감히 황제를 비판했을 뿐 아니라, 소심한 황제 발렌스(Valens)에게 배교자이자 그리스 신들을 믿었던 율리아누스 황제(Julianus, 재위 361~363)[21]의 유언이라면서 자신이 콘스탄티노플의 황좌를 차지했다. 하지만 이 프로코피우스는 머지않아 참수당하고 말았다.

그리하여 전쟁과 황제들을 무수히 경험한 두 번째 프로코피우스는 가족과 함께 한 자리에서도 테오도라의 소문을 거론하지 않았으며, 유명한 제위 찬탈자와의 인연을 주장하지도 않았고, 죽을 때가 돼서야 그 유명한 '갈릴리 사람'을 인정했던 율리아누스를 옹호하지도 않았다. 우리의 프로코피우스는 절대 어떤 말도 하지 않았다. 대신 그는 침묵하는 대지에다 대고 "주인의 귀는 당나귀 귀"라고 소리친 미다스 왕의 이발사가 쓴 방법을 택했다.

그는 유스티니아누스가 당나귀였다는 사실을 잘 숨겨둔 공책에 조심스럽게 기록해두었다. 그리고 업무 때문에 시간을 내기 쉽지 않

---

21 기독교도가 아니라 그리스 신들을 믿고 그리스 문화를 부활시키려 했던 율리아누스 황제는 죽기 직전에, "갈릴리 사람, 당신이 이겼네(Vicisti, Galilaee)"라고 말했다는 소문이 있다. 물론 이때의 '갈릴리 사람'은 예수 그리스도를 뜻한다.

앉던 프로코피우스는 틈날 때마다 자신이 목격한 일화들을 하나씩 써내려갔다. 이야기를 끝마쳤을 때 그는 유스티니아누스가 죽을 날만 기다리며 어딘가에 원고를 숨겨두었다.

황제가 죽고 나면, 그는 이『비사』를 출판할 수 있었을 것이다. 그랬다면 아마도 그는 출판사의 받아 적는 노예 앞에서 생애 처음 큰소리로 자신이 썼던 문장들을 읽었을 것이다. 그리고 때때로 급하게 썼던 초안을 수정하기도 했을 것이다.『전쟁사』를 쓴 저명한 작가이자 원로원 의원이고, 옛 아테네 대가들의 전통에 따라 훌륭히 교육받은 수사학자였던 그가『비사』에 등장하는 일부 주제나 문장의 중복을 그냥 넘어갔을 리가 없는 것이다.

하지만 유스티니아누스는 병사했던 테오도라와는 달리 충분히 빨리 죽지 않았다. 어쩌면 작가는 후세의 비평가들이 교정하지 않은 상태의『비사』를 더 선호할 것이라고 예측했는지도 모른다. 기실 현재의 작품은 작가 개인의 사적인 분노와 열정으로 가득 차 있어서 더더욱 흥미롭기도 하다.

역사가에게 있어 뜨거운 열정보다는 차가운 공명성이 더 필요한 것은 사실이다. 그리고 침착한 기록자는 보통 자기 시대의 황제와 황후가 지진과 역병을 불러일으키는 초자연적인 힘을 지닌, 인간의 탈을 쓴 악마라고 보고하지 않는다.

하지만 기독교가 지배하던 이 시기의 사람들은 대개 악마의 존재를 진지하게 믿었다는 사실을 상기할 필요가 있다. 그리고 이전의 로마 황제들이 죽고 나면 신으로 숭배했듯이, 당시에는 가장 정직한 역사학자라도 자신의 주군을 가능한 모든 방식으로 묘사할 수 있다는 생각이 든다.

앞으로 독자도 보시겠지만, 과연 프로코피우스는 유스티니아누스 시대의 인물들을 가능한 모든 방식으로 묘사하고 있다. 그리고 독자 제위께서 이 번역자가 만들어낸 찬사의 용어를 허용하신다면, 나는 그가 매우 '프로코피우스적으로' 묘사하고 있다는 사실을 덧붙이고 싶다.

★　★　★　★　★

　『비사』의 챕터 구분은 원고 그대로이지만, 제목은 나중에 편집자가 붙인 것이다. 그리고 번역자가 이 서문을 통해 극장에 일찍 도착해 프로그램을 읽고 있는 관객들을 위해 약간의 서곡을 연주했다면, 필자는 곧 나올 짧은 서문을 통해 무대 인사를 하고 관객들이 곧 시작할 오페라를 흥미롭게 감상해주었으면 하는 기대를 표명한다.

　여기에는 대(大) 알렉상드르 뒤마(elder Alexandre Dumas)[22]의 화려한 내러티브가 있으나 결코 일화 모음집에 그치지 않고, 독자께서 조금의 비유를 더 허용하신다면, 이 책은 현대라는 스크린 위에 풀어놓은 로마인들의 자줏빛 과거가 담긴 역사서이다.

　어쩌면 현대의 독자들은 여기서 오늘날의 사회에서도 너무나 친숙한 수많은 현상들을 발견하겠지만, 그래도 상냥한 유스티니아누

---

22 프랑스의 작가. 『삼총사』로 유명하다.

스와 신경질적인 테오도라 같은 못 말리는 독재자들이 더 이상 전권을 쥐고 신민들을 약탈할 수 없다는 사실에 안도의 한숨을 내쉴지도 모른다. 그리고 이제 막이 올라가는데, "옛날 옛날 한 옛날, 일천하고도 사백 년 전에……."

리처드 앳워터

터키 이스탄불의 풍경. 천년제국이라 일컬어지는 비잔틴제국(동로마제국)의
수도 콘스탄티노플이 바로 이곳이었다.

유스티니아누스의 최대 업적 중 하나인 성 소피아 성당(하기아 소피아 Hagia Sophia).
터키 이스탄불에 있으며, 현재까지 남아 있는 비잔틴 건축의 대표작이다.

웅장하고 화려한 성 소피아 성당의 내부. 이 성당은 이슬람교의 성전인
모스크로 사용되었다가 현재는 박물관으로 운영되고 있다.

이탈리아 라벤나 지역 성 비탈레 성당에 있는 유스티니아누스 황제의 모자이크 초상.
황제의 왼쪽에 있는 사람이 벨리사리우스 장군이다.

유스티니아누스 황제(482경~565)

이탈리아 라벤나 지역 성 비탈레 성당에 있는 테오도라 황후의 모자이크 초상

테오도라 황후(497경~548)

스페인

성 비탈레 성당에 있는 벨리사리우스(505경~565)의 모자이크 초상

칼리아

그리스

아나톨리아

리비아

이집트

유스티니아누스 전후의 비잔틴제국 판도(527~565).
진한 회색 부분이 유스티니아누스 황제가 집권했을 때의 영토이고,
연한 회색 부분이 벨리사리우스 장군이 넓힌 영토이다.

차례

북아프리카 수복 기념 주화

이제까지 나는 로마의 전쟁사를 쓰면서, 각각의 에피소드들은 최대한 완벽하게 시간대 순으로 배열하려고 노력했다. 하지만 지금부터 로마제국에 진짜 어떤 일이 있었는가를 쓰면서 이전과는 좀 다른 방식으로 기술하려고 하는데, 이로써 예전에 썼던 형식적 연대기를 보충할 수 있을 것으로 본다.

독자도 아시겠지만, 역사가가 특정 인물들이 살아 있을 동안 그들이 한 일을 진실되게 기술하는 것은 불가능하다. 만약 내가 진실을 기록했다면 그들이 풀어놓은 밀정들이 그 사실을 알아채고 나는 세상에서 가장 참혹한 죽음을 맞이해야 했을 것이다. 나는 가장 가까운 친지들조차 믿을 수 없었다. 그래서 나는 지난 책들에서 여러 가지 문제에 대해 진실을 숨기고 번지르르한 겉치레만 보여줄 수밖에 없었던 것이다.

이제 와서야 나는 숨겨진 사실과 동기들을 밝히고자 한다. 이 새로운 작업에 임해서, 우선 내가 예전에 유스티니아누스와 테오도라의 삶에 대해 이미 썼던 내용들을 철회해야 한다는 점이 가슴 아프다. 또한 어쩌면 지금 내가 하려고 하는 이야기들을 후세 사람들이 믿지 않을지도 모른다는 걱정도 든다. 시간이 흐르면 내 이야기는 고대사가 될 터이고, 많은 사람들이 나를 허구를 쓴 사람이나 심지어 시인들 중 하나로 평가할지도 모른다.

하지만 나는 긍정적인 면을 생각하기로 했다. 누구도 내 이야기를 부인하는 이야기를 쓸 수는 없을 것이다. 나는 이 글을 쓰는 책무를 두려움 없이 떠안으려 한다. 왜냐하면 현재를 살아가는, 여기서 다루고 있는 문제들의 진실을 알고 있는 사람들이 내가 쓴 이야기가 사실이란 것을 아들딸들에게 알려줄 것으로 믿기 때문이다.

내가 이 책을 시작하기까지는 또 다른 문제가 나를 망설이게 했다는 것을 말해두고 싶다. 나는 내가 기록하고자 하는 악행들이 후

프랑스의 화가 외젠 들라크루아가 그린 〈사르다나팔루스의 죽음〉 (1827년)

세에게 알려지는 게 과연 좋은 것인가를 고민할 수밖에 없었다. 어쩌면 후세의 독재자들이 이 악행들을 모방할지도 모르는 일 아닌가. 한탄스럽게도 대부분의 군주들은 선행자들의 죄과를 모방하고, 과거의 악덕에 몸을 맡기는 경향이 있지 않은가.

하지만 결국, 나는 다시 이 역사를 기록하기로 마음먹었다. 왜냐하면 미래의 독재자들 역시 악행을 저지른 자들은 종국에는 보복을 피할 수 없다는 것을 알게 될 터이기 때문이고, 실제로 내가 묘사하는 인간들 역시 그런 운명을 맞이했기 때문이다. 게다가 이 책을 통해 후세인 모두가 그들의 악덕과 악행을 알게 되면, 결과적으로 미래의 군주들이 똑같은 일탈을 감행하고자 하는 욕망이 줄어들지 않을까 하는 생각이 든다.

만약 당대의 사가들이 기록해두지 않았다면, 현재 누가 세미라미스(Semiramis)[1]의 방약무인했던 생애나 사르다나팔루스

(Sardanapalos)[2]나 네로의 광기를 알 수 있겠는가. 게다가 후일 전제 군주들로부터 고통을 겪는 이들이 있다면, 그들 역시 자신들만이 악행의 희생자가 아님을 알고 조금이나마 위안을 얻으리라.

그래서 나는 이 이야기를 시작하고자 한다. 먼저 나는 벨리사리우스의 우행(愚行)을 열거하고, 그다음 유스티니아누스와 테오도라의 타락상을 이야기할 것이다.

---

1 고대 아시리아의 전설상의 왕 니누스의 왕비이자 니누스를 계승하여 여왕이 되었다. 바빌론을 재건하고 공중정원을 건축한 것으로 알려져 있다.
2 아시리아의 마지막 왕. 방탕했던 삶으로 유명하다.

KONSTANTINOPEL

1) Hohe Pforte
2) Justinian-Statue
3) Schlangensäule
4) Konstantinsäule

5) Bajazet-Moschee
6) Sultan Laideh-Moschee
7) Grab des letzten
   byzantinischen Kaisers

8) Gefängnis d. Anema
9) Alte Brücke
10) Neue Brücke

Stadtmauer und Stadtgebiet

im 7. Jahrhundert n. Chr.

- altes griech. Byzanz
- Erweiterung Konstantin I. (330)
- Erweiterung Theodosius II. (408-450)
- Erweiterung Herakleios (629-641)

im 15. Jahrhundert n. Chr.

- Siedlungsgebiet
- Seemauer
- Mauer Galata
- Mauer Neues Saray

콘스탄티노플 지도

대장군 벨리사리우스가
아내에게 속아 넘어간 사연

내가 지난번 책에서 언급했던 여인, 즉 벨리사리우스의 아내 안토니나의 아버지는 콘스탄티노플이나 테살로니키의 경기장에서 경주를 하던 전차 몰이꾼이었다. 그녀의 어머니는 극장에서 일하던 여자였는데, 원래부터 음탕한 기질이 가득했다. 일찍이 부모들이 사용하던 미약(媚藥)들을 접한 안토니나는 본인도 그것들의 사용법을 충분히 익혔다. 그리고 안토니나가 벨리사리우스의 아내가 된 것은 그녀가 이미 여러 명의 자식들을 생산한 후였다.

안토니나는 아내가 된 그 순간부터 부정을 저지르기 시작했지만, 평소에 세심하게 주의를 기울여 들키지 않도록 노력했다. 하지만 그건 남편보다는 황후의 진노를 두려워했기 때문이었다(안토니나는 수치심이라고는 없는 여자인데다가 남편 정도는 쉽게 속여 넘겼다).

테오도라 황후는 그녀를 미워했는데, 예전에 이미 이빨을 드러낸 적이 있었던 것이다. 하지만 황후가 곤란을 겪고 있을 때 안토니나가 도움을 주면서 두 여자의 우정이 회복되었다.

첫 번째는 테오도라가 교황 실베리우스(Silverius)를 파멸시키고자 할 때였다. 그다음 카파도키아의 요하네스를 파멸시킬 때도 안토니나의 도움이 있었다. 하여튼 그렇게 해서 둘 사이가 가까워지자, 안토니나는 두려울 것이 없어져서 이제는 대놓고 욕망의 파도에 몸을 내맡겼다.

벨리사리우스의 집안에는 트라키아의 아리우스파 집안 출신의 테오도시우스(Theodosius)라는 젊은이가 있었다. 벨리사리우스는 리비아 원정을 떠나기 전날 이 젊은이를 성수(聖水)로 세례시키고 기독교의 입양의식을 치른 후 아들로 받아들였다.

안토니나는 성스러운 주문을 외면서 다정한 어머니처럼 기쁘게 테오도시우스를 끌어안고 보살피기 시작했는데, 그녀의 남편이 전쟁터로 떠난 지 얼마 지나지 않아 그와 격정적으로 사랑에 빠져버렸고, 신과 인간 앞에서 느낄 수 있는 모든 두려움과 수치심을 던져버리고 애정에 탐닉하기 시작했다. 그녀는 처음에는 은밀한 즐거움을 누렸지만, 마침내 하인이나 시녀가 있는 곳에서도 애인을 희롱하기 시작했다. 열정적 사랑에 사로잡힌 그녀는 이제는 거칠 것 없이 쾌락을 추구했던 것이다.

한번은 카르타고에서 벨리사리우스가 그녀가 애인과 함께 즐기는 현장을 잡았는데도 그냥 넘어간 일이 있었다. 그는 지하에 있는 방에서 둘

고대 아나톨리아 지역의 지명. 소아시아라고 불린 아나톨리아는 오늘날 터키 영토에 해당하는 반도를 말한다.

을 발견하고 매우 화를 냈는데, 안토니나는 숨길 게 없으니 전혀 겁날 게 없다는 투로, "전 우리가 노획한 물건들을 여기 숨기려고 얘와 같이 온 거예요. 안 그러면 황제가 알아챌지도 모르니까요"라고 말했다.

이게 그녀가 변명이랍시고 내놓은 이야기였다. 그러자 벨리사리우스는 마치 그녀의 말을 믿기라도 한 듯이 자신이 본 것을 없던 일로 해버렸다. 심지어 그는 테오도시우스의 바지끈이 풀려 있는 걸 보고서도 그러했던 것이다. 아마도 그는 안토니나에 대한 사랑이 너무 컸던 나머지 자신의 눈이 확인한 증거를 불신하는 쪽을 택했던 것 같다.

안토니나의 우행이 형언할 수 없을 정도까지 이어지자, 그 짓을 목격한 이들이 모두 입을 다물었지만 마케도니아라는 이름의 노예만은 가만히 있지 않았다. 벨리사리우스가 시실리의 정복자가 되어 시라쿠사에 있을 때, 그 노예는 그에게 자기를 절대로 안토니나에게 넘기지 말 것을 서약토록 한 후, 다른 두 명의 노예 소년을 옆에 대동시킨 후에야 모든 사실을 털어놓았다.

이야기를 들은 벨리사리우스는 호위병 중 하나에게 테오도시우스를 처리하라고 명령을 내린다. 하지만 눈치 빠른 이 젊은이는 에페소스[1]로 달아나버렸다. 그런데 벨리사리우스 집안의 하인들 대부분은 이 남편이란 작자가 아내 문제에 얼마나 유약한지 잘 알고 있었으므로 그의 명령은 무시하고 안토니나의 말만 따랐다.

하지만 벨리사리우스가 괴로워하는 모습을 본 친구 콘스탄티누스(Constantine)는 이런 충고를 하고 만다.

"나라면 그 젊은이 대신 여자를 죽여버렸을 걸세."

이 말을 전해들은 안토니나는 그를 증오하기 시작했다. 그녀는 마치 침을 감춘 전갈처럼 깊은 앙심을 품었는데, 독자는 잠시 후 결말을 알게 될 것이다.

그런데 이 사건이 발생한 지 얼마 되지 않아 안토니나의 미약 때문인

---

1 현재 터키 중부 지역의 고대 도시.

지, 다정한 속삭임 때문인지 벨리사리우스는 그녀를 비방하는 말들이 거짓이라고 믿게 되었다. 그래서 그는 조용히 하인을 보내 테오도시우스를 집으로 데려오고, 마케도니아와 증인을 섰던 두 소년을 아내에게 넘겨주기로 약속해버렸다. 그러자 안토니나는 먼저 노예들의 혀를 잘라버린 후, 몸을 갈가리 잘라 자루에 담은 후 바다에 버렸다고 한다. 예전에 그녀가 실베리우스에 대한 분노를 처리할 때 그녀를 도왔던 노예 에우게니우스가 이번에도 그녀의 범죄를 도왔다.

역시 얼마 지나지 않아 안토니나는 벨리사리우스에게 콘스탄티누스를 죽여버리라고 졸라댔다. 당시 프레시디우스(Presidius)와 그의 단검에 대해서는 이미 지난번 책에서 이야기한 바 있다.[2]

한동안 벨리사리우스는 콘스탄티누스를 그냥 내버려두려고 했다. 하지만 안토니나가 얼마나 극성스럽게 복수를 졸라대는지, 언젠가는 그런 사단이 일어날 수밖에 없었다고 보아야 할 것이다. 그 결과 황제와 로마의 유력 인사들 사이에 벨리사리우스에 대한 반감이 뭉게뭉게 피어올랐다.

---

2 이탈리아 출신의 귀족이었던 프레시디우스는 고트족의 침략 때문에 전 재산을 잃고 남은 거라곤 보석이 박힌 단검 두 자루뿐이었다. 그런데 콘스탄티누스가 그것을 탐내 몰래 훔쳐 가버렸고, 프레시디우스는 줄곧 단검들을 돌려달라고 청하던 중이었다. 그는 마침내 벨리사리우스에게도 사정을 말하고 콘스탄티누스를 잘 설득해달라고 부탁했는데, 콘스탄티누스는 상사인 벨리사리우스의 말조차 듣지 않으려고 했다. 그러자 그것을 핑계로 벨리사리우스는 콘스탄티누스를 처형하고 말았다.

사건은 이런 식으로 진행되었다. 하지만 테오도시우스는 적자(嫡子)인 포티우스(Photius)가 있는 한 벨리사리우스와 안토니나가 있는 이탈리아로 돌아갈 수 없다고 대답했다. 왜냐하면 포티우스는 누군가 자기보다 더 나은 대우를 받는다 싶으면 그걸 참지 못하는 인물이고, 실제로 그는 테오도시우스에 대해 분노를 느끼고 있었기 때문이다. 비록 그가 적자이긴 하지만 양자인 테오도시우스가 권력과 부를 늘려갈 동안그는 철저히 무시당했다. 세간의 소문에 따르면, 테오도시우스는 카르타고와 라벤나를 각각 정복한 후 두 곳의 재산 관리를 맡으면서 100센테나리우스[3]에 달하는 재산을 모았다고 한다.

하지만 테오도시우스의 불평을 들은 안토니나는 자기 아들인 포티우스를 죽도록 미워했고, 결국 포티우스는 그녀의 마수를 피해 콘스탄티노플로 도망갈 수밖에 없었다. 그러자 테오도시우스는 이탈리아로 와서그녀와 함께 살기 시작했다. 두 사람은 무골호인(無骨好人) 같은 남편에게 전혀 방해받지 않고 사랑을 불태웠다.

그 후 안토니나는 다시 테오도시우스를 데리고 콘스탄티노플로 돌아갔지만, 테오도시우스는 자신들의 불륜이 만천하에 알려질까봐 노심초사했다. 자신과는 달리 안토니나는 이제 거리낌 없이 사랑을 표현하곤했기 때문에 거의 공공연하게 간통을 자랑하고 다니는 것이나 다름없었기 때문이다.

---

3 1센테나리우스는 100파운드의 황금에 해당했다.

결국 테오도시우스는 에페소스로 되돌아가서는 머리를 깎고 중이 되었다. 그를 잃은 안토니나는 거의 실성해서 울며불며 집 안을 돌아다녔고, 남편이 옆에 있을 때조차도 정말 착하고 충실하고 다정하고 사랑스럽고 활발한 친구를 잃어버렸다고 탄식했다! 마침내는 벨리사리우스마저 그녀의 슬픔에 동참하여 사랑하는 테오도시우스를 부르며 울기 시작했다. 심지어 벨리사리우스는 황제에게 찾아가 황제와 황후 앞에서 테오도시우스가 집안에서 얼마나 필수적인 존재였는지 설명하고는 그에게 돌아오라는 명령을 내려줄 것을 탄원하기까지 했다.

하지만 테오도시우스는 속세를 영원히 벗어나 살고 싶다면서 승원(僧院)을 떠나기를 거부했다. 물론 그 다짐은 진심이 아니었다. 그는 벨리사리우스가 콘스탄티노플을 떠나기만 하면 다시 안토니나에게 돌아갈 수 있다는 걸 알았고, 실제로 그에게 기회가 왔을 때 그렇게 했던 것이다.

2

벨리사리우스가 뒤늦은 질투심 때문에
군사적 판단을 그르친 사연

얼마 후 벨리사리우스가 호스로우(Chosroes)[4]를 치러 떠나자, 포티우스는 그를 따라갔지만 안토니나는 평소와는 다르게 콘스탄티노플에 그냥 남았다. 그녀는 남편이 군사적 원정에 나갈 때 어딜 가든 항상 그를 따라가는 편을 선호했다. 왜냐하면 원정을 떠난 남편이 혹시나 그녀가 없는 동안 제정신을 차리고 그녀가 진짜 어떤 인물인지 깨달을까봐 걱정했기 때문이다. 하지만 지금은 테오도시우스가 돌아올지도 모르기 때문에 안토니나는 포티우스를 영원히 떼어낼 궁리를 하기 시작했다.

그녀는 벨리사리우스의 근위병들 몇몇에게 뇌물을 주어 자신의 아들을 줄기차게 모략하고 모욕하도록 했다. 또한 그녀는 거의 매일같이

---

4 페르시아의 왕. 수시로 로마 땅에 침입했다.

벨리사리우스에게 포티우스를 비난하는 편지를 썼다. 포티우스는 이렇게 어머니로부터 총체적인 공격을 받자 반격하지 않을 수 없었다. 그는 콘스탄티노플에서 테오도시우스와 안토니나의 불륜을 목격한 증인을 불러와서 벨리사리우스 앞에서 모든 걸 털어놓게 했다.

벨리사리우스는 그 이야기를 듣고 오열하면서 포티우스의 발아래 무릎을 꿇었다. 그는 포티우스의 발에 키스를 하면서 자기를 오도한 모든 인간들에게 복수해달라고 빌었다.

"사랑하는 아들아, 너는 친아버지를 모르고 자랐다. 왜냐하면 그는 네가 엄마 품에 안겨 있을 때 타고난 목숨의 시한이 다해 세상을 떠나버렸기 때문이다. 네 친아버지는 부유한 이도 아니어서 네게 재산을 남겨주지도 못했다. 하지만 나는 너에게는 계부일 뿐이지만 너를 여기까지 키웠고, 이제 너는 나를 위해 복수해줄 만한 나이가 되었구나. 나는 네가 총독(Consular)의 자리까지 오르도록 했고, 덕분에 넌 그만한 재부를 쌓았다. 그러니 내가 너의 아버지이자 어머니, 아니 모든 일가친척이라고 해도 과언이 아니다. 왜냐하면 남자는 핏줄이 아니라 서로 주고받은 은공으로 서로의 연대를 확인하기 때문이다.

이제 때는 왔다. 너는 내가 우리 집안의 큰 보물을 잃었다고 업신여기지 말고, 온 세상 사람들의 눈총을 받고 있는 네 어머니가 준 치욕을 생각해야 한다. 여자들의 죄는 남편들뿐 아니라 아이들에게 더 큰 해를 안기는 법이다. 왜냐하면 아이들은 죽을 때까지 어머니의 평판 때문에 고생해야 하기 때문이다.

비잔틴시대 동로마와 페르시아의 국경 지대

　하지만 이 또한 기억해두어라. 나는 여전히 아내를 지독하게 사랑하고 있다. 그래서 만약 내가 우리 집안을 망친 자만 골라서 벌할 수 있다면 그를 벌하고 아내는 용서하고 싶다. 하지만 테오도시우스가 함께 있는 한, 아내를 용서할 수가 없구나."

　이 말을 들은 포티우스는 그의 말에 모두 따르기로 동의했다. 하지만 그는 또한 이 때문에 또 다른 문제가 생기지 않을까 걱정하고 있었다. 왜냐하면 그는 벨리사리우스가 아내가 관련된 일에는 의지력이 믿을 수 없을 정도로 약해진다는 걸 알았기 때문이다. 특히 과거를 돌아보면, 노예 마케도니아에게 일어났던 일은 치명적인 사례였던 것이다. 그래서 그는 벨리사리우스에게 기독교인으로서 할 수 있는 모든 맹세를 다 시켰고, 두 사람은 절대 서로를 배신하지 않기로 목숨을 걸고 다짐했다.

그들은 지금 당장은 행동할 때가 오지 않았다고 판단했다. 하지만 안토니나가 콘스탄티노플로부터 도착하고 테오도시우스가 에페소스로 돌아가면, 포티우스는 바로 에페소스로 가서 테오도시우스와 그의 재산을 처리하기로 했다.

그런데 이때가 벨리사리우스가 지휘하는 전군이 페르시아를 침공했을 때였고, 카파도키아의 요하네스에게 내가 지난번 책들에서 언급한 일이 생겼을 때였다.[5]

안토니나는 요하네스와 그의 딸 앞에서 기독교인의 이름을 걸고 맹세하며 자신이 절대 그들을 악한 목적으로 이용하지 않을 거라고 속여 넘겼다. 그다음 황후의 우정에 대해 좀 더 확신을 갖게 된 그녀는 테오도시우스를 에페소스로 보내고 자신은 아무런 의심 없이 동쪽을 향해 길을 나섰다.[6]

로마군이 막 시사우라눔(Sisauranum) 성[7]을 함락시켰을 때, 벨리사리우스는 안토니나가 온다는 소식을 들었다. 그러자 그는 만사를 제쳐놓고 일단 군대를 쉬게 했다. 내가 지난번 책에서 페르시아 원정을 설명하

---

5 한때 황후 테오도라는 카파도키아의 지사였던 요하네스와 황제의 신임을 다투고 있었다. 안토니나는 그를 꼬여내어 반역을 암시하는 대화를 나누었고, 그것을 테오도라의 부하들이 엿듣게 했다. 함정에 빠진 걸 눈치챈 요하네스는 교회로 도망쳤지만 결국 로마에서 영원히 추방당하고 말았다.

6 페르시아 원정에 나선 벨리사리우스에게 갔다는 뜻.

7 프로코피우스에 따르면 이는 메소포타미아 다라(Dara) 근처에 있는 성인데, 다른 문헌에서는 등장하지 않는다.

면서 당시 벨리사리우스가 이런 명령을 내릴 만한 다른 일이 있었다고만 언급했는데, 이제 보시다시피 그때는 그 일을 자세히 설명하기에는 곤란한 사정이 있었기 때문이다.

결과적으로 벨리사리우스는 사소한 가정사 때문에 국가의 긴급한 사안을 소홀히 했다는 비난을 받게 되었다. 사연인즉슨, 아내에 대한 질투심에 사로잡힌 벨리사리우스는 로마의 영토로부터 지나치게 멀리 떨어지고 싶지 않았던 것이다. 왜냐하면 그는 콘스탄티노플로부터 안토니나가 온다는 소식을 들을 때 가능한 빨리 그녀를 잡고, 테오도시우스에 대한 복수를 하고 싶었기 때문이다.

바로 이러한 이유로 그는 아레사스(Arethas)[8]의 군대에게 티그리스 강을 넘어가라는 명령을 내렸고, 그래서 그들은 아무런 전공도 세우지 못한 채 고향으로 돌아가버렸다.

벨리사리우스는 로마의 국경에서 말을 타고 한 시간 거리 이상 떨어지지 않기 위해 세심하게 신경을 쓰고 있었다. 시사우라눔으로 말하자면, 건장한 남자가 니시비스(Nisibis)[9]를 경유해 하루 정도면 로마 국경까지 걸어갈 수 있는 거리이고, 지름길로 가면 반나절에도 갈 수 있다.

---

8 그리스어로는 아레사스, 이슬람권에서는 칼리드 이븐 자발라라고 불리는 그는 비잔틴제국의 동쪽 변경에 있었던 이슬람 이전의 아랍 가사니드(Ghassanid) 부족의 왕이었다. 그는 비잔틴의 동맹 중 하나로서 페르시아 전쟁에서 중요한 역할을 했다.

9 현재 터키 동남쪽의 누사이빈(Nusaybin).

하지만 만약 그가 전군을 데리고 티그리스 강을 건넜다면, 내가 생각하기에 그는 아시리아 땅의 거대한 부를 거머쥐고, 아무 어려움 없이 크테시폰(Ctesiphon)[10]까지 진군해서 포로로 잡혀간 안티오크[11] 사람들과 여타 로마인들을 구출해 고향땅으로 돌아올 수 있었을 것이다. 게다가 호스로우가 콜키스(Colchis)[12] 땅으로부터 방해받지 않고 페르시아로 돌아갈 수 있었던 것도 벨리사리우스 덕분이다.

지금부터 그 이야기를 해보겠다. 이미 다른 책에서도 설명했지만, 카바데스의 아들인 호스로우는 콜키스를 침공하여 페트라(Petra)[13]를 점령하는 등 여러 성과를 거두었지만, 다른 한편으로 메디아군(Medes)[14]은 전투와 여타 이유로 큰 손실을 입은 상태였다.

라지카 땅은 거의 길이 없는 산간 지방인데다가, 당시 역병까지 돌아서 군대의 상당수가 음식과 치료 부족으로 죽어갔다. 마침 그때 페르시아에서 전령이 와서 벨리사리우스가 니시비스 앞에 있는 도시 나베데스를 정복하고 진군 중이라는 소식을 알렸다. 벨리사리우스는 이미 포

---

10 티그리스 강변에 있는 고대 메소포타미아의 대도시 중 하나.

11 현재 터키 서해안의 도시. 당시 콘스탄티노플에 버금가는 대도시였다.

12 흑해 동부 연안의 나라로 현재의 조지아 부근. 로마인들은 라지카(Lazica)라 불렀는데, 오래전부터 로마와 페르시아가 패권을 다투었다.

13 요르단의 유명한 유적지가 아니라 콜키스의 한 도시.

14 페르시아군을 말함. 메디아(Media)는 페르시아의 옛 이름 중 하나.

위 공격으로 시사우라눔을 굴복시키고, 블레스카메스와 800명의 페르시아 기병을 포로로 사로잡았고, 사라센족의 지배자인 아레사스의 지휘 아래 두 번째 로마 부대를 티그리스 강 너머로 보내 페르시아 땅을 무차별적으로 유린할 계획이라는 무서운 소식이었다.

곧이어 또 다른 전령이 도착해서, 호스로우가 로마군을 분열시켜서 자신의 라지카 원정을 더 쉽게 하기 위해 로마령 아르메니아로 보냈던 훈족이, 발레리아누스가 지휘하는 로마군에게 패퇴해서 거의 모든 야만인들이 살해당했다고 전해왔다.

페르시아인들은 이미 라지카 땅에서의 불운을 한탄하고 있던 차에, 이 소식을 듣고 벼랑 끝에 몰린 기분이 되어 적군을 만나면 틀림없이 자멸하고 말 것이라는 생각에 공포에 사로잡혔다.

또한 그들은 자신들의 아이와 아내의 운명을 걱정했다. 메디아군 중 신분이 높은 자들은 호스로우가 본인의 약속을 깨고 쓸데없이 평화 시에 로마 땅을 침공해서 문제를 초래했다고 비난했다. 그들은 호스로우가 절대 전쟁으로 이길 수 없는, 세상에서 가장 역사가 오래되고 위대한 민족을 모욕했다고 부르짖었다. 진중에 반란이 임박했던 것이다.

이에 경각심을 느낀 호스로우는 숨겨둔 처방을 꺼내들었다. 최근 로마 황후 테오도라가 자베르가네스(Zaberganes)에게 보낸 편지를 읽기 시작한 것이다. 그 내용은 다음과 같다.

경애하는 자베르가네스.

당신은 한때 로마 대사를 지냈기 때문에 내가 얼마나 당신을 아끼는지 잘 알 것이오.

그러기에 부탁하는데, 호스로우 왕에게 우리와 화평을 유지하도록 설득해줄 수 없겠소?

만약 내 말대로 된다면 황제에게 부탁해 당신에게 큰 상을 내리겠소.

그는 내 말이라면 어떤 것도 다 들어주니 말이오.

이 편지를 큰소리로 낭독한 호스로우는 페르시아의 장군들에게 "이 제국이 여자가 다스리는 나라가 아니냐?"고 물었다. 그러자 장군들은 조용히 입을 다물었다. 하지만 그럼에도 불구하고 호스로우는 굉장히 불안해하면서 철수를 감행했다. 언제라도 벨리사리우스의 군대와 마주칠지 몰랐기 때문이다. 하지만 퇴각 과정에 로마군은 코빼기도 보이지 않았기 때문에 그는 가슴을 쓸어내리면서 고향땅으로 돌아갔다.

3

여인의 음모를 방해하는 일은 위험하다

벨리사리우스가 로마의 영토로 돌아왔을 때 안토니나도 콘스탄티노플로부터 갓 도착한 참이었다. 그는 바로 그녀를 가둬놓고 죽여버리겠다고 했지만, 매번 마음이 약해져서 실행으로 옮기지 못했다. 내 생각에는 그만큼 벨리사리우스가 안토니나를 사랑한 것 같다. 하지만 어떤 이들은 안토니나가 미약을 써서 벨리사리우스의 정신을 혼미하게 만들었다고 말하기도 한다.

한편 분노한 포티우스는 안토니나를 위해 뚜쟁이 역할을 하던 환관 칼리고누스(Calligonus)를 쇠사슬에 묶어 마차에 싣고 에페소스로 향했다. 칼리고누스는 채찍을 몇 대 맞더니 포티우스에게 안토니나의 죄상에 대해 낱낱이 고해바쳤다.

테오도시우스는 이번에도 위험을 직감하고 에페소스에서 가장 경건한 성소인 성 요한 교회로 달아났다. 하지만 포티우스는 에페소스의 주교 안드레에게 뇌물을 먹여 테오도시우스를 넘겨받았다.

돌아가는 이야기를 들은 테오도라는 안토니나를 걱정하고 있었다. 그래서 그녀는 벨리사리우스와 그의 아내를 콘스탄티노플로 소환했다. 이 소식을 들은 포티우스는 테오도시우스를 자신의 창기병과 방패병들이 겨울을 보내고 있는 킬리키아(Cilicia)[15]로 보냈다. 그는 부하들에게 아무도 테오도시우스가 있는 곳을 알지 못하도록 꼭꼭 숨겨두라고 명령했다. 그러고는 칼리고누스와 테오도시우스의 막대한 돈을 가지고 콘스탄티노플로 돌아왔다.

황후는 자신이 빚진 살인 행위에 대해 수십 배로, 더욱 잔인하게 갚아줄 능력이 있음을 만천하에 증명했다. 그녀는 안토니나가 자신을 위해 카파도키아의 요하네스를 배신해주었던 것을 보답하기 위해 수많은 무고한 이들을 해쳤던 것이다.

테오도라는 벨리사리우스와 포티우스의 친지들을 붙잡아 오직 그 두 사람을 알고 있다는 이유만으로 고문했고(그들이 나중에 어떻게 되었는지는 아무도 모른다), 또 다른 이들은 역시 같은 이유로 추방당했다.

포티우스를 따라 에페소스에 동행했던 원로원 의원 테오도시우스는 재산을 잃었을 뿐 아니라 지하 감옥에 갇혔다. 그곳에서 그는 목에 올가

---

15 소아시아의 해안 지역.

미를 걸고 하루 종일 서 있어야 했다. 심지어 밥을 먹고 잠을 잘 때도 그렇게 서 있었으니, 이 사람과 당나귀가 다른 건 오직 '히히힝' 하고 소리치지 않는 것뿐이었다. 넉 달을 그렇게 갇혀 있던 그는 마침내 실성하고 말았다. 그러자 그는 풀려났고, 얼마 지나지 않아 죽어버렸다.

테오도라는 벨리사리우스와 안토니나를 억지로 화해시키고, 포티우스를 붙잡아 노예처럼 고문하고 등짝에 채찍질을 가했다. 하지만 포티우스는 테오도시우스와 그 뚜쟁이가 어디 있는지 발설하지 않았다. 고문은 지독하게 고통스러웠지만 맹세한 바가 있어서 침묵을 지켰다.

포티우스는 예전부터 병약해서 늘 건강에 신경 쓰고 살던 젊은이였다. 그랬던 그였기에 당연히 이제까지 그 같은 처참한 대우를 받아본 적이 없었지만, 벨리사리우스와 한 약속 때문에 그 모든 치욕과 고통을 참아냈던 것이다.

그러나 시간이 흐른 후 그가 이제까지 숨겨왔던 비밀들이 모두 드러나고 말았다. 테오도라는 가까운 곳에서 칼리고누스를 발견하여 안토니나에게 넘겨주고, 테오도시우스를 콘스탄티노플로 데려와서 궁정에 머물게 했다. 그가 도착한 다음 날 그녀는 안토니나에게 편지를 보냈다.

친애하는 여사님께.

어제 진주가 하나 제 손에 들어왔는데, 인간이 본 것 중에는 가장 아름다운 것이랍니다. 원하신다면 당신께만은 이걸 꼭 보여드리고 싶어요.

안토니나는 무슨 일인지 모르고 진주를 꼭 보여달라고 답장했다. 그녀가 궁정에 도착하자, 테오도라는 환관들의 방에서 테오도시우스를 데리고 나왔다.

한순간 안토니나는 기쁨으로 숨이 막혔다. 그녀는 너무나 흥분해서 테오도라를 자신의 구원자이자 은인, 진짜 주인이라고 불렀다. 그러자 황후는 테오도시우스를 궁정에 두고 그에게 온갖 귀한 옷들을 입힌 후, 머지않아 자신이 그를 로마의 장군으로 만들 거라고 장담했다. 하지만 정의의 여신은 그 꼴을 두고 보지 않았다. 테오도시우스가 이질에 걸려 인간 세상을 떠나버린 것이다.

테오도라의 궁정에는 낮인지 밤인지 알 수 없는 어두운 지하에 감방들이 있었다. 그중 하나에 포티우스가 갇혀 있었는데, 무슨 행운이 있었는지 그는 두 번이나 감방을 탈출할 수 있었다. 첫 번째 탈옥 때 그는 콘스탄티노플에서 가장 신성하고 유명한 교회인 성모마리아 교회에 몸을 의탁했는데, 테오도라는 거기서도 그를 강제로 끌어냈다.

두 번째 탈옥 때 그는 기독교인이라면 누구나 경외해 마지않는 성 소피아 성당의 성스러운 세례반에서 보호를 청했다. 하지만 역시 거기서도 이 여자는 포티우스를 끌어내고 말았다. 그녀는 아무리 성스러운 장소도 경외하거나 두려워하지 않았고, 어떤 금기도 마음대로 어길 수 있었던 것이다. 심지어 교회의 사제들마저 그녀의 그런 행동을 보고 다른 이들과 똑같이 경악하기만 했을 뿐 아무도 말릴 생각조차 하지 못했다.[16]

그래서 포티우스는 3년 동안이나 감방에 갇혀 있었다. 그러던 어느 날 꿈속에서 예언자 제카리야(Zechariah)[17]가 나타나 신의 이름으로 달아날 것을 명하고 도움을 약속했다.

이 계시를 믿은 포티우스는 다시 한 번 달아나서 이번에는 아무에게도 들키지 않고 예루살렘까지 가는 데 성공했다. 도주 중 그는 수천 명의 사람들을 스쳐 지나갔지만 아무도 그를 보지 못했다고 한다. 예루살렘에 도착한 그는 머리를 깎고 수도사 행세를 하면서, 이제야 테오도라의 마수로부터 벗어났음을 실감하면서 몇 년 만의 자유를 만끽했다.

하지만 벨리사리우스는 동지의 맹세를 저버리고, 포티우스가 받은 불경한 대우들도 모른 척한 채 아무런 보복도 행하지 않았다. 게다가 그때부터 벨리사리우스는 모든 전투에서 실패를 거듭하고 있었다(아마도 신의 뜻이리라).

그다음 벨리사리우스는 세 번째로 로마 영토에 침입한 호스로우와 메디아인들과 싸우러 떠났는데, 적군을 몰아내는 데는 성공했지만 여전히 그를 비판하는 소리가 하늘을 찔렀다. 왜냐하면 호스로우가 유프라

---

16 당시 죄인이 교회에 들어가서 보호를 청하면 속세의 권력이 어찌 하지 못하는 관습이 있었다.
17 유대 성경에 나오는 예언자.

테스 강을 건널 때 전투 한 번 없이 대도시 칼리니쿠스(Callinicus)를 취하고 수많은 로마인들을 노예로 삼았기 때문이다. 그동안 벨리사리우스는 소심하게도 철수하는 적을 쫓아가지도 않고 가만히 있었기 때문에, 반역자나 비겁자 둘 중 하나라는 악평을 얻고 말았다.

4

테오도라가 아프리카와 이탈리아의
정복자를 모욕하다

벨리사리우스에게는 더 큰 재난이 기다리고 있었다. 내가 전에도 언급한 바 있는 역병이 콘스탄티노플을 덮쳤는데, 유스티니아누스 황제도 이 병에 걸려서 이미 죽었다는 소문까지 돌았다. 심지어 로마군의 막사에도 이 소문이 퍼졌는데, 일부 장교들이 다른 사람이 새 황제가 된다면 인정할 수 없다고 말했던 것이다. 그런데 황제가 곧 건강을 회복하자 그 장교들은 서로 반역자라고 손가락질하기 시작했다. 그중 페테르와 요하네스라는 이름의 장군들이 벨리사리우스와 부제스(Buzes)[18]가 그런 말을 하는 걸 들었다고 주장했다.

황후는 두 장군이 일으킬 거라고 주장된 가상의 반란이 자신을 겨냥한 것이라고 생각했다. 그래서 그녀는 진상을 조사하기 위해 두 장군을

---

18 페르시아 전쟁에서 많은 공훈을 세운 장군.

콘스탄티노플로 불러들였다. 우선 그녀는 급히 상의할 것이 있으니 잠깐 만나자고 하면서 부제스를 궁으로 초청했다.

그런데 궁전의 지하에는 무척 경비가 삼엄한, 지옥의 미로 같은 지하 감옥이 있었는데, 황후는 자신의 눈 밖에 난 이들을 그곳에 가두어놓고 있었다. 부제스 역시 그들과 같은 처지가 되었다. 집정관의 직위도 아무런 소용 없이 그 동굴에 갇혔고, 사람들의 눈앞에서 사라지고 말았던 것이다. 그는 어둠 속에서 밤과 낮도 구분하지 못했고, 아무와도 말조차 나누지 못했다. 왜냐하면 매일같이 그에게 식사를 던져주는 간수는 벙어리였기 때문이다. 두 사람의 교류는 마치 한 짐승이 다른 짐승을 대하는 것과 같았다.

얼마 지나지 않아 콘스탄티노플의 모든 이들이 그가 죽었다고 생각했다. 하지만 아무도 감히 그의 이름조차 거론하지 못했다. 2년하고도 4개월이 흐른 후, 테오도라는 갑자기 동정심이 일어서 이 남자를 석방했다. 그제서야 햇빛을 본 부제스는 반쯤 눈이 먼 병자가 되어 있었다. 이것이 테오도라가 부제스에게 한 일이다.

한편 벨리사리우스는 아무런 혐의도 입증되지 않았지만, 테오도라의 부추김을 받은 황제의 명령에 따라 모든 권한을 박탈당했다. 그리고 황제는 벨리사리우스를 대신해 마르티누스를 동부 전선을 지휘할 장군으로 임명했다. 황제는 벨리사리우스의 창기병과 방패병 그리고 하인들 중 전투에 참여한 자들을 다른 장군들과 궁정 환관들에게 나누어주었다. 그들은 제비를 뽑아 패가 나오는 대로 각 인원과 무기들을 가져갔다. 벨리사리우스의 친구들과 예전에 그를 섬기던 자들이 그를 방문하는 것은 금지되었다.

벨리사리우스가 공허한 몰골을 하고 슬픈 표정으로 마치 버려진 사람처럼 살게 될 줄이야 누가 알았겠는가. 콘스탄티노플의 소시민 벨리사리우스의 모습을 보는 것은 고통스러운 일이었다. 게다가 그의 목숨을 노리는 음모마저 진행 중이었다.

그때 황후는 벨리사리우스가 동방에서 거대한 부를 쌓았다는 사실을 알아내고, 궁정 환관 하나를 보내 그의 재산을 압수해오도록 했다. 한편 앞에서 설명했듯이, 안토니나는 남편과 냉전을 치르고 있었지만, 테오도라를 위해 카파도키아의 요하네스를 처리해준 덕분에 그녀와는 더없이 친근한 사이가 되어 있었다.

그래서 테오도라는 벨리사리우스가 안토니나의 탄원 덕분에 목숨을 건진 것처럼 꾸미기로 했다. 이로써 벨리사리우스는 황후로부터 자신을 구해준 은혜를 갚기 위해 안토니나의 노예가 될 터였다. 일은 이런 식으로 진행되었다.

어느 날 아침, 여느 때처럼 벨리사리우스는 몇 안 되는 추종자들과 함께 궁정으로 향했다. 거기서 황제와 황후가 불같이 화를 냈고, 그들이 보는 앞에서 벨리사리우스는 천출과 평민들에게 모욕을 당했다. 늦은 오후, 벨리사리우스는 혹시나 자신의 목숨을 노리는 자객이 따라오는지 수시로 고개를 돌려 확인하면서 집으로 돌아왔다.

진땀을 흘리며 집으로 들어선 그는 소파 위에 홀로 앉아 벌벌 떨고 있었다. 그는 마지막으로 자신이 남자처럼 군 게 언제였는지 기억할 수도 없었다. 그는 비굴한 공포심과 생명에 대한 불안감 때문에 제정신이 아니었다. 비잔틴제국을 호령하던 장군은 사라지고, 초라하고 무력한 사내만이 남아 있었다.

그의 운명이 어떻게 되어가는지 알지도 못했고 관심도 없었던 안토니나는 그의 옆에서 속이 쓰린 척 얼굴을 찡그리며 어슬렁거리고 있었다. 사실 당시 둘 사이가 좋은 편이 아니었기 때문이다.

그런데 해 질 무렵 갑자기 문 앞에 궁정의 장교인 콰드라투스란 사내가 나타나 황후가 보냈다고 말했다. 그 말을 들은 벨리사리우스는 올 것이 왔다고 느꼈는지 소파 위에 가만히 누워 최후의 순간을 기다렸다. 이제 그에게는 마지막 기백마저 사라진 것이다.

하지만 콰드라투스는 그에게 황후가 쓴 편지를 전달했을 뿐이었다. 편지에는 이렇게 쓰여져 있었다.

장군, 그대도 본인이 우리에게 저지른 잘못을 알 것이오. 하지만 나는 장군의 안사람에게 큰 빚을 진 바 있기 때문에 그대의 모든 혐의를 무시하고 그대를 아내에게 돌려주려 하오. 따라서 앞으로 그대는 생명과 재산에 대해 안심해도 좋을 것이오.

하지만 그대의 운명은 앞으로 그대가 아내에게 어떻게 대하느냐에 따라 정해진다는 것을 우리는 알아야 할 것이오.

편지를 읽고 난 벨리사리우스는 기쁨에 겨운 나머지 마치 미친 사람처럼 펄쩍펄쩍 뛰며 감사한 마음을 표시했다. 그리곤 아내의 발 앞에 부복하더니 그녀의 다리를 어루만지고 발가락에 키스를 퍼부었다. 그러면서 그녀야말로 자신의 생명이고 구원이며, 앞으로는 그녀의 주인이 아니라 충실한 노예로 살아갈 거라고 다짐했다.

황후는 그의 재산 중 금화 30센테나리우스를 황제에게 바치고 나머지를 벨리사리우스에게 돌려주었다. 이것이 바로 얼마 전에 겔리메르(Gelimer)[19]와 비티게스(Vitiges)[20]를 창끝에 몰아넣고 포로로 사로잡았던 그 위대한 장군에게 일어났던 일인 것이다!

유스티니아누스와 테오도라는 자신들의 신민인 이 장군이 오래전에 획득한 재물이 머리에 떠오르자 속이 쓰렸고, 마침내 그런 보화는 황제만이 가질 수 있다는 결론을 내린 것이다. 그들은 말하기를 "벨리사리우스가 마땅히 국가의 재산이 되어야 할 겔리메르와 비티게스의 보화

---

19 6세기 중반 무렵 북아프리카 지역을 지배하던 반달족의 왕. 재위 530~534.
20 6세기 중반 무렵 이탈리아를 지배하던 동고트족의 왕. 재위 536~540.

대부분을 숨겨놓고 황제가 수령하기에는 보잘것없는 일부만을 바쳤다"고 비난했다.

사실 그들은 이 사내가 성취한 엄청난 업적을 감안할 때 아무런 근거 없이 그를 공격했다가는 시민들의 반발을 살까 두려워서 그때까지 가만히 있었던 것이다. 그러다가 황후가 벨리사리우스가 공포에 질린 틈을 타서 단번에 그의 재산을 채가는 솜씨를 발휘했다고 할 수 있다.

테오도라는 그를 좀 더 가까이 묶어두기 위해 벨리사리우스의 독녀인 요아나나(Joannina)를 자신의 조카 아나스타시우스(Anastasius)와 약혼시켰다.

이제 벨리사리우스는 로마 동방 군대를 지휘하는 예전의 사령관 자리를 되찾아서 호스로우와 메디아 사람들과 싸우고 싶었다. 하지만 안토니나는 그 생각을 싫어했다. 그녀는 예전에 벨리사리우스가 동방에서 자기에게 모욕을 주었던 기억이 되살아나기 때문에 다시는 그곳으로 가기 싫다고 말했다. 그 때문에 제국 군대의 지휘관이 된 벨리사리우스는 두 번째 이탈리아 원정을 떠나기로 했다. 그런데 이때 황제는 원정에 필요한 돈을 벨리사리우스가 직접 마련하라고 명령했다.

사람들은 벨리사리우스가 원정을 떠나면서 아내의 말에 복종하고 황제의 가혹한 명령에도 따른 이유가 당연히 따로 있을 것이라고 짐작했다. 즉, 콘스탄티노플에 있으면 치욕만 당할 뿐이므로 가능한 빨리 수도를 벗어나 무기를 잡고 다시 사내답게 아내를 비롯해 자기를 모욕한 이들에게 복수를 시작할 계획이라고 생각했던 것이다.

하지만 벨리사리우스는 전혀 그럴 생각이 없었다. 그는 포티우스와 다른 친구들 앞에서 했던 맹세 따위는 깡그리 잊어버리고, 이제 환갑이 다 된 아내가 뭐가 그리 좋은지 콧노래를 부르면서 전장으로 달려갔다.

하지만 이제 신의 가호가 그를 떠나버렸는지, 이탈리아에 도착하자마자 매일같이 그에게 새로운 문젯거리가 생겨났다. 그가 예전에 테오다투스(Theodatus)와 비티게스를 상대로 써먹었던 전술들이 그때는 신출귀몰하게 잘 들어맞았지만, 이번에는 예전의 경험에 비추어 훨씬 더 좋은 계획이라고 생각했던 전술들이 전혀 통하지 않았고, 결국 사람들은 벨리사리우스가 전술적 감각이 부족했다고 입방정을 떨었다.

진실을 말하자면, 세상만사는 인간이 아니라 하늘이 정하는 것이다. 인간은 어떤 사건이 일어나는 이유를 알지 못한 채 '운명'이라고 부르고, 아무런 이유 없이 일어나는 것처럼 보일 때는 '우연'이라고 말하기도 한다. 어쨌건 유한한 인간은 결국 본인의 취향대로 판단할 뿐이다.

5

테오도라가 장군의 딸을 속이다

벨리사리우스의 두 번째 이탈리아 원정은 완전한 실패로 끝났다. 내가 이전 책에서도 언급한 바 있듯이, 원정 기간 5년 내내 안정적인 교두보를 확보하지 못한 그는 땅에 발을 내리지 못했고, 함대를 이끌고 해안을 따라 계속 오르락내리락했을 뿐이었다.

사실 토틸라(Totila)[21]는 벨리사리우스와 제대로 대결을 벌이고 싶었지만 도무지 그를 만날 수가 없었다. 다른 로마 병사들과 마찬가지로 장군 벨리사리우스 역시 싸움을 두려워하고 있었기 때문이다. 그는 이번에 영토를 수복하기는커녕, 그전까지 비잔틴의 영토였던 로마[22]까지도 잃어버렸고, 그 외에도 잃을 수 있는 건 다 잃어버렸다.

---

21 6세기 이탈리아에 있던 동고트 왕국의 왕. 재위 541~552.

이 기간 동안 그의 마음은 온통 탐욕으로 가득 차 있었고, 그는 오로지 재물만을 생각하고 있었다. 황제가 이번 원정에 아무런 지원을 해주지 않았기 때문에 그는 라벤나와 시실리의 거의 모든 이탈리아인들을 약탈했고, 그 외 어디서든 기회만 생기면 주민들이 과거에 저지른 잘못을 범한다는 명분을 내세우고 약탈에 나섰다.

심지어 그는 헤로디아누스(Herodian)[23]에게도 온갖 협박을 가하면서 돈을 요구했다. 그러자 분노한 헤로디아누스는 자신을 따르는 로마 병사들을 데리고, 토틸라에게 스폴레툼(Spoletum)[24]을 선물로 바치면서 고트족에게 넘어가버렸다.

지금부터 나는 벨리사리우스와 비탈리아누스(Vitalian)의 조카 요하네스(John)가 왜 서로 소원해졌는지를 설명하겠다. 두 사람의 불화는 로마제국에 큰 재앙을 불러왔다.[25]

황후는 게르마누스를 철저하게 미워했는데, 그것도 남들 앞에서 티나게 미워했기 때문에, 그가 황제의 조카였음에도 불구하고 아무도 그와 혼사를 맺고 싶어 하지 않았다. 그래서 황후가 살아 있는 동안 그의

---

22 로마 시를 말함.

23 당시 이탈리아에 있던 비잔틴제국의 장군.

24 이탈리아 중부의 도시.

25 비탈리아누스는 비잔틴제국의 장군으로, 한때 아나스타시우스 황제에게 모반했다가 실패했다. 이후 유스티누스 황제 시절 사면되었으나, 유스티니아누스의 사주로 그가 즉위하기 전에 암살당했다. 조카 요하네스 역시 비잔틴제국의 장군을 지냈다.

아들 중 그 누구도 장가조차 가지 못했고, 그의 딸 유스티나는 한참 피어나는 열여덟 살 청춘이었음에도 아직 남편감을 얻지 못했다. 그 때문에 벨리사리우스가 보낸 요하네스가 콘스탄티노플에 도착하자, 게르마누스는 당연히 그가 사회적 지체 면에서는 조금 떨어짐에도 불구하고 사위 후보로 저울질하고 있었다.

마침내 두 사람은 의기투합하여 양가의 혼인을 약속했음은 물론이고, 서로가 가진 모든 힘을 한데 모아 협력할 것을 신성한 맹세로 다짐했다. 사실 이런 맹세가 필요했던 것이, 이 두 사람은 서로에 대해 어느 정도 의구심을 품고 있었기 때문이다. 즉, 요하네스 쪽에서는 상대 집안이 자기 쪽보다 지나치게 지체가 높다고 생각했고, 게르마누스는 이 사람조차도 자기 쪽의 사정을 알게 되면 약속을 깨지 않을까 두려워했기 때문이다.

물론 황후는 이걸 그냥 두고 볼 수 없었다. 그녀는 모든 가능한 방법과 수단을 동원해 이들의 결합을 방해하려고 했다. 그런데 그녀가 아무리 기를 쓰고 둘 사이를 갈라놓으려고 노력해도 통하지 않자, 마침내 그녀는 요하네스를 죽이겠다고 공개적으로 위협했다.

이후 요하네스는 이탈리아로 돌아가면서 안토니나도 음모에 가담했을까 두려워 그녀가 콘스탄티노플로 떠나기 전까지는 벨리사리우스를 만나려 하지 않았다. 다들 안토니나가 황후로부터 요하네스를 살해하라는 명령을 받았다고 믿고 있었기 때문이다. 따라서 안토니나의 습성과 아내에게 철저히 속박된 벨리사리우스의 상태를 감안하건대, 요하네스가 그토록 조심한 건 당연한 일이다.

이미 막바지 단계에 와 있던 로마군의 원정은 완전한 붕괴 상태였다. 벨리사리우스가 고딕 전쟁[26]을 끝낸 방법은 다음과 같다.

절망에 빠진 그는 황제에게 가능한 빨리 함대를 이끌고 고향으로 돌아가게 해달라고 간청했다. 황제로부터 허락이 떨어지자 그는 이탈리아 주둔 로마군을 남겨놓고 최고의 속도로 콘스탄티노플을 향해 떠났다. 내가 이미 다른 책에서도 언급했지만, 벨리사리우스가 무책임하게 떠나버렸기 때문에, 그가 고향으로 돌아가는 동안 고트족에게 포위된 페루시아(Perusia)[27]는 함락당하고 심각한 참화를 겪어야 했다.

벨리사리우스의 개인적 불운은 이것이 전부가 아니었다. 벨리사리우스의 딸과 자기 조카를 결혼시키려고 마음먹은 황후 테오도라는 벨리사리우스 부부에게 끊임없이 편지를 써서 빨리 식을 올리자고 졸라댔다. 하지만 그들은 이 혼사가 마음에 들지 않아, 부모가 둘 다 결혼식에 참석할 때까지 기다리자는 핑계로 혼인식을 미루고 있었다.

이윽고 황후가 두 사람을 콘스탄티노플로 소환하자, 그들은 당장 이

---

26 당시 이탈리아를 지배하던 이들이 고트족이었으므로 저자는 이를 '고딕 전쟁'이라고 표현하고 있다.

27 이탈리아 중부의 고대 도시.

탈리아를 떠날 사정이 안 되는 척했다. 하지만 조카를 벨리사리우스의 딸과 결혼시키려는 황후의 결심은 더욱 강해질 뿐이었다. 왜냐하면 벨리사리우스에겐 아들이 없고 오직 딸만 하나 있었기 때문에 혼사가 성사될 경우, 그가 죽고 나면 전 재산이 조카의 것이 되기 때문이었다.

그러나 테오도라는 안토니나를 완전히 신뢰하지 못했다. 그녀는 안토니나가 예전에는 황후의 위기 때 큰 도움이 되었지만, 자신이 죽고 나면 더 이상 그녀의 가문에 충성하지 않고 약속을 깰 수 있다고 보았던 것이다. 그리하여 테오도라는 경우에 없는 짓을 저지르고 만다.

그녀는 사내와 소녀를 그냥 같이 살도록 해버렸다. 떠도는 말에 따르면, 그녀는 벨리사리우스의 딸을 강제로 자기 조카의 품에 안겨주어 처녀성을 잃게 했다. 그러자 소녀는 할 수 없이 결혼에 동의했는데, 황제조차 이 일을 막을 수 없었다고 한다. 그런데 첫 번째의 겁탈 이후 어쩐 일인지 아나스타시우스와 소녀는 사랑에 빠져버렸고, 그들의 혼외 관계는 8개월이나 계속되었다.

하지만 테오도라가 사망한 후 안토니나가 콘스탄티노플로 돌아오자 사정이 달라졌다. 그녀는 테오도라가 자신에게 화냈던 사실을 잊지 않고 있었다. 요아니나가 어머니에게 사랑하는 이와 함께 있게 해달라고 간곡히 요청했지만, 그녀는 창녀 시절의 강단을 발휘하여 테오도라의 결정을 무시하고, 그녀의 조카를 사위 자리에서 쫓아내버렸다.

그녀는 이 무신경한 완고함 때문에 모든 사람들의 비난을 받았다. 하지만 그녀의 남편이 돌아오자, 안토니나는 힘들이지 않고 그가 자기 생각을 따르도록 설득했다. 이는 이 남자가 얼마나 물러터진 인물인가 보여주는 좋은 사례이다.

벨리사리우스가 포티우스와 여러 친구들과의 맹약을 깼음에도 불구하고, 아직도 많은 사람들이 그를 동정하고 있었다. 왜냐하면 그들은 그가 신의를 지키지 못한 이유가 공처가였기 때문이 아니라 황후에 대한 두려움 때문이었다고 생각했기 때문이다. 하지만 테오도라가 죽은 후에도 그가 여전히 포티우스와 다른 친구들을 배려하지 않자, 그가 안토니나를 여주인으로, 뚜쟁이 칼리고누스를 주인으로 여기고 있다는 사실이 분명해졌다.

그제서야 모든 사람들은 이 인간의 진면목을 알아채고 웃음거리로 삼기 시작했다. 사람들은 그의 면전에 대고 '멍청이'라고 모욕했으니, 이제야 벨리사리우스의 어리석음이 만천하에 드러난 것이다.

바쿠스(Bacchus)의 아들인 세르기우스(Sergius)가 저지른 우행에 대해서는 이미 다른 책[28]에서 충분히 설명한 바 있다. 그가 로마군에 초래한 엄청난 재난과, 그가 레바타이(Levathae)족[29] 앞에서 한 신성한 맹세

---

28 프로코피우스의 저서 『전쟁사』를 말함.
29 사막에 사는 베르베르족의 한 부족.

를 더럽힌 일, 그리고 그들이 보낸 80명의 사절들을 무참하게 살해한 일 등은 이미 설명했으므로, 여기서는 그 사절들이 결코 흑심을 품고 찾아 온 것이 아니며, 세르기우스 자신도 전혀 그런 의심을 품지 않고 있었다 는 사실만을 부언하겠다. 하여간 그럼에도 불구하고, 세르기우스는 그 들을 안심시키고 연회에 초청한 다음 비겁하게 그들을 살해한 것이다.

세르기우스의 이 우행은 결과적으로 솔로몬의 죽음과 로마군의 손실, 리비아의 패배를 낳았다. 왜냐하면 이 사건 이후, 특히 솔로몬의 죽음 이후 어떤 장교나 사병도 감히 전투에 나서려 하지 않았기 때문이다. 이를테면 시시놀루스의 아들 요하네스는 세르기우스를 증오한 나머지 아레오비누스가 리비아에 도착할 때까지 한 번도 전장에 나가지 않았다.

이 세르기우스란 자는 군인이라기보다는 사치스러운 건달에 가까웠다. 그는 천성적으로 언행이 유치하고, 질투심이 많으며, 잘난 척하기를 좋아하는 겁쟁이에다 허풍선이였다. 하지만 어쩌다 보니 그가 벨리사리우스의 아내 안토니나의 딸과 정혼한 사이였기 때문에, 황후는 리비아가 함락당할 것을 알면서도 그를 처벌하거나 전보시키는 걸 허락하지 않았다. 황후는 심지어 세르기우스의 형제인 솔로몬이 페가시우스를 살해한 후에도 황제의 동의를 얻어 그를 처벌하지 않았다. 이 이야기는 좀 자세히 설명할 필요가 있다.

솔로몬이 레바타이족에게 사로잡혔을 당시 페가시우스가 몸값을 지불하고 그를 데려올 때의 일이다.

페가시우스가 몇몇 병사들을 데리고 솔로몬과 함께 카르타고를 향해 가고 있었다. 한참 가던 중 페가시우스는 솔로몬이 저지른 일을 책망하면서 적들로부터 벗어난 것에 대해 신에게 감사하라고 말했다. 그러자 솔로몬은 포로가 된 것을 책망하는 소리에 격분해 단숨에 페가시우스를 베어버렸다. 이것이 자신을 구해준 자에 대한 보답이었던 것이다.

하지만 솔로몬이 콘스탄티노플에 도착하자 황제는 그가 로마의 배신자를 죽였다면서 사면했다. 그리하여 솔로몬은 정의의 심판을 면하고 기쁜 마음으로 동방의 고향 땅[30]에 있는 가족을 찾아 떠난다. 하지만 그는 신의 복수는 피하지 못해서, 바로 그 여정 중에 저세상으로 떠나고 말았다.

이것이 솔로몬과 페가시우스 사이에 있었던 일이다.

---

30 그는 메소포타미아의 다라(Dara) 옆 솔라콘(Solachon) 출신이었다. 현재의 이라크 부근이라고 보면 된다.

6

유스티누스 황제의 무지, 그리고 그의 조카 유스티니아누스가 실질적 지배자였던 이유

이제부터 나는 유스티니아누스와 테오도라가 어떤 종류의 인간들이 었는지, 또 그들이 어떻게 로마제국에 혼란을 불러왔는지 설명하겠다.

콘스탄티노플의 레오 황제 시절, 일리리아[31]에는 지마르쿠스, 디티비 스투스, 그리고 베데리아나의 유스티누스(Justin)라는 세 명의 농부가 살았다. 지독한 가난에서 벗어나고자 집을 떠나 군대에 들어간 그들은 담요와 집에서 구운 비스킷이 들어 있는 봇짐을 어깨에 메고 콘스탄티 노플까지 걸어갔다. 그들은 셋 모두 잘생긴 젊은이들이었기 때문에 궁 정 근위대로 채용되었다.

그 후 아나스타시우스가 황위를 계승했을 때 이사우리아인들이 반

란을 일으켰는데, 황제는 꼽추 요하네스 장군에게 대군을 주어 그들을 진압하게 했다. 그러던 어느 날 유스티누스가 무슨 실수를 했는지 요하네스가 그를 영창에 가두었고, 다음 날 그에게 사형을 선고하려고 했다.

그날 밤 요하네스는 이상한 꿈을 꾸게 된다. 꿈속에서 그는 거인 같은 사람을 만났는데, 그의 말이 오늘 체포한 남자를 풀어주라고 한 것이다. 잠에서 깬 요하네스는 별 의미 없는 꿈이라고 생각했다. 하지만 그다음 날 밤 똑같은 거인이 나타나 똑같은 명령을 하는 것이었다. 그래도 요하네스는 유스티누스를 풀어줄 생각을 하지 않았다. 마침내 거인이 세 번째로 꿈에 나타나서 말을 듣지 않으면 무서운 일이 생길 거라며 잔뜩 겁을 주었다. 그리고 그 사내를 살려두면 언젠가 요하네스와 가족을 구해줄 것이라고 말한 것이다. 요하네스는 그 말을 듣고 더 이상 거역할 수 없어서 곧바로 유스티누스를 풀어주었다.

시간이 흐르면서 유스티누스는 큰 권력을 얻게 되었다. 왜냐하면 아나스타시우스 황제가 그를 궁정 근위대의 코메스[32]로 임명했기 때문이다. 그리고 황제가 세상을 떠나자 유스티누스는 자신이 지휘하는 근위대 병력을 이용해 황좌를 손에 넣게 된다.

그런데 이때의 유스티누스는 이미 무덤에 한 발을 걸친 노인네[33]였

---

32 라틴어로 Comes, 영어로 Count라고 하는 이 직책은 로마제국 시절 군이나 행정 기구의 한 분야를 책임지는 사람을 뜻했다.

33 450년생인 유스티누스가 권좌에 오른 건 518년이었다.

다. 게다가 그는 글을 읽을 줄도 쓸 줄도 모르는 문맹이었는데, 로마의 지배자로서 이런 경우는 처음이었다. 로마에서는 황제가 자신의 칙령에 직접 사인하는 전통이 있었지만, 그는 칙령을 만들 줄도 몰랐고, 국사에 대한 이해 자체가 전혀 없었다.

그나마 재무관(Quaestor) 프로클루스가 그를 대신해 모든 일을 처리했다. 하지만 그가 이런저런 명령을 대신 내리기 위해서는 공문서에 황제의 손이 직접 닿았다는 증거가 필요했다. 그래서 그는 나무토막을 사인을 하는 데 필요한 라틴 문자의 모양으로 깎은 다음, 역대 황제들이 쓰는 펜을 유스티누스의 손에 쥐어주고 서명해야 할 서류 위에서 나무토막의 곡선을 따라 선을 그리도록 했다. 그렇게 해서 황제의 칙령을 받을 수가 있었다. 이것이 유스티누스 시절에 황제가 로마인들을 다스린 방식이었다.

유스티누스의 아내 루피키나(Lupicina)는 노예 출신의 야만인이었는데, 원래 그의 첩으로 팔려온 여자였다. 유스티누스의 생명이 점점 꺼져가면서 그녀는 오히려 권좌에 더욱 가까이 다가갔다.

이제 유스티누스는 신민들에게 아무런 도움도 줄 수 없고, 해도 끼칠 수 없었다. 왜냐하면 그는 단순 무지한데다가 어떤 대화나 연설도 할 수 없는 촌놈에 불과했기 때문이다. 그래서 그의 조카 유스티니아누스가 아직 젊은 나이였음에도 불구하고 실질적 지배자가 되었는데, 그는 로마인들에게 한 사람이 초래한 재난으로 보면 역사상 최악의 재난을 일으켰다.

그는 아무런 양심의 가책을 느끼지 않고 타인의 재산을 강탈하고, 별 이유도 없이 수많은 사람의 생명을 빼앗았다. 또한 관습을 지키는 데 전혀 무관심했으며, 항상 새로운 실험을 하려고 했다. 다시 말해 그는 모든 고귀한 전통을 가장 심하게 타락시킨 인물이었다.

내가 다른 책에서 묘사한 역병은 전 세계를 공격했는데, 역병에 당한 사람만큼이나 역병으로부터 달아난 사람도 많았다. 사람들은 병에 걸려 그대로 생명을 잃기도 했지만, 병을 이겨내고 회복되기도 했기 때문이다.

하지만 어떤 로마인도 이 자로부터 달아날 수는 없었다. 이 자는 마치 하늘이 보낸 역병처럼 인민들에게 떨어져서 모든 사람들에게 영향을 미쳤다. 그는 아무 이유 없이 사람들을 죽였고, 일부는 가난과 고통 속에 떨어지게 했다. 살아남은 자들은 죽은 자들보다 더 고통스러워서 차라리 죽게 해달라고 기도했다. 어떤 이들은 재산과 생명 모두를 그에게 잃었다.

더 이상 로마제국에 파괴할 것이 남아 있지 않자, 그는 리비아와 이탈리아를 정복하기로 결심했다. 이는 오로지, 이미 자신의 신민이 된 자들처럼 그곳에 사는 인민들의 삶도 파괴하기 위함이었다.

그는 권력을 잡은 지 열흘 만에 궁정 환관의 우두머리인 아만티우스

(Amantius)를 비롯한 몇몇을 처형했다. 아만티우스가 콘스탄티노플의 대주교 요하네스에 대해 좀 경솔한 언급을 했다는 게 이유였다. 이때부터 그는 사람들이 가장 두려워하는 인물이 되었다.

그 직후 유스티니아누스는 비탈리아누스를 궁정으로 불렀다. 그런데 이 비탈리아누스란 인물은 유스티니아누스가 성찬식을 함께 하며 안전을 보장한 자였다. 하지만 얼마 지나지 않아 유스티니아누스에게 질투와 의심이 자라났고, 비탈리아누스와 그의 동료들을 궁정 연회에 불러놓고 학살해버린다. 이로써 그는 자신이 어떤 신성한 맹세에도 구애되지 않는다는 사실을 만천하에 공개했다.

7

청색파의 만행

내가 다른 곳에서도 언급했듯이, 사람들은 크게 청색파와 녹색파, 이렇게 두 패로 갈라져 있었다.[34]

유스티니아누스는 청색파가 자기에게 호의를 보이자 그쪽에 가담했는데, 이 때문에 모든 것이 혼란에 빠져버렸다. 그가 청색파를 이용해 로마제국을 자기 앞에 무릎 꿇리려 했기 때문이다. 청색파 모두가 그를 따른 것은 아니었지만, 그중 다수가 도시를 난장판으로 만들어보고 싶어서 몸 달아 있었다. 하지만 소요가 확산되자, 이들이 차라리 자제하

---

34 당시 콘스탄티노플에서 유행했던 전차 경주팀의 색깔을 말한다. 한국에 프로 야구팀이 있듯이 콘스탄티노플에는 유니폼 색깔이 다른 청(靑), 녹(綠), 백(白), 적(赤), 이렇게 네 개의 팀이 있었는데, 마치 오늘날의 훌리건 같은 응원 단체들이 조직되어 있었다. 그런데 유스티니아누스 시절에는 거의 청과 녹의 응원 세력이 가장 강했다. 문제는 이 응원 단체들이 조직폭력배와 정치 세력과도 연관을 맺고 있었다는 사실이다. 따라서 이 고대 훌리건의 난동이 정치적 폭동으로 이어지는 경우가 드물지 않았다.

는 것처럼 보일 정도였다.

녹색파들도 폭력적인 면에서는 청색파 못지않았다. 당국에서 녹색파들을 하나씩 검거하고 처벌하자, 이들은 더욱 과격한 행동을 일삼았다. 왜냐하면 부당한 대우[35]를 받았다고 생각하는 이들은 더욱더 필사적으로 되는 경향이 있기 때문이다.[36]

유스티니아누스는 공개적으로 청색파들을 부추겨 싸움질에 나서게 했다. 이 때문에 로마제국은 마치 지진이나 대재앙을 만난 것처럼 뿌리부터 흔들렸고, 모든 도시들이 폭도들의 손에 들어갔다. 모든 곳에서, 모든 것들이 뒤흔들렸다. 유스티니아누스 앞에서는 아무것도 남아나지 않았다. 전국의 법과 질서가 무너지고, 거꾸로 뒤집혔다.

폭도들은 처음에는 헤어스타일을 바꾸는 것으로 시작했다. 그들은 다른 로마 사람들과 자신들을 외모로 구분 짓고 싶었던 것이다. 그들은 페르시아 사람들이 하듯이 턱수염과 구레나룻을 길게 기르고, 대신 앞

---

35 유스티니아누스가 청색파에 호의적이었으므로 편파적으로 녹색파들만을 처벌했다는 이야기.

36 532년에 일어난 '니카의 반란(Nika insurrection)'이란 콘스탄티노플의 전차 경주장에서 시작된 반란을 말한다. 어느 날 히포드롬에서 응원하던 청색파와 녹색파가 힘을 합쳐 황제에 반기를 드는 사건이 일어난다. 실은 이미 새 황젯감을 물색해놓고 반란을 일으킨 것이다. 이들이 응원할 때 외치는 구호가 "이겨라(Nika)!"였기 때문에 이를 '니카의 반란'이라 부른다. 당시 유스티니아누스는 폭도들의 바람에 따라 사임할까 고민하기도 했지만, 아내 테오도라의 강력한 조언으로 자리를 유지하고 근위대를 투입해 폭도들을 학살한 다음 정권을 공고히 했다고 전해진다.

그리스 식 원형 전차 경주장 히포드롬 (출처 : JeanClaudegolvin.com)

머리와 옆머리를 이마가 드러나도록 짧게 깎았으며, 마사게티(Massageti)족[37]처럼 뒷머리는 아무렇게나 길게 자라도록 놔두었다. 이런 이상한 조합을 그들은 '훈족 스타일'이라고 불렀다.

그리고 그들은 자신들이 입은 토가에 자주색 스트라이프를 두르고는 실제보다 높은 신분인 양 과시하고 다녔다. 하지만 그들이 걸친 사치품은 모두 부정한 돈으로 사들인 것이었다.

그들이 입은 튜닉의 소매는 손목까지 짧게 자르는 대신 손목에서 어

---

37 중앙아시아 유목민 중 하나.

깨까지 품을 크게 해서 펄럭이게 했는데, 극장에서 박수를 칠 때나 히포드롬에서 기수에게 환호를 보낼 때 이 거대한 소매가 눈에 띄게 펄럭여서 다른 사람들이 자신들의 사치스러운 의상을 주목하게 했다. 그들은 이런 과장된 복장이 자신들의 메마른 몸매를 더욱 잘 드러나게 한다는 사실을 알지 못했다. 그들의 망토와 바지, 장화도 모두 다른 사람들과 달랐다. 그리고 이 모두를 자기들은 훈족 스타일이라고 불렀다.

그들 대부분이 평소에도 쇠붙이를 휴대했는데, 낮에는 망토 안의 허벅다리에 양날의 단검을 붙여서 숨겼지만, 밤에는 스스럼없이 칼을 내보이고 걸어다녔다. 그리고 밤이 되면 여럿이 모여서 광장이나 골목에서 부유해 보이는 이들을 대상으로 강도질을 하며 외투와 벨트, 버클 등 무엇이든 강탈했다. 일부는 강도질 중에 살인도 했는데, 이는 증인을 남기지 않기 위함이었다.

사람들은 이들을 증오했다. 청색파 중에서도 온건한 사람들은 자기편이 저지르는 만행에 질색을 했다. 하지만 이 무리들이 같은 편인 온건파들마저도 약탈하기 시작하자, 사람들은 모두 싸구려 옷과 벨트, 버클을 쓰기 시작했다. 사치스러운 옷이 강도를 유혹할 수 있기 때문이었다. 또한 사람들은 해가 지기도 전에 집에 돌아갔다.

치안을 맡은 자들이 제대로 일하지 않았기 때문에 시내는 더욱 위험해졌다. 범죄자들은 아무도 자신들을 처벌하지 않자 더욱 기세등등하게 날뛰었다. 범죄가 허가를 얻으면 한계를 모르는 법이다. 심지어 범죄를 처벌할 때도 범죄를 억누르기 어려운 걸로 보아 인간이란 천성적으로 잘못을 저지르게 되어 있다고 봐야 한다. 청색파들의 준동도 그 때문이었다.

반대당[38] 사람 일부도 청색파에 가담하여 이전에 자신을 괴롭혔던 같은 편 사람들에게 복수하고 싶어 했다. 일부 녹색파들은 다른 나라로 달아났지만, 대부분은 적의 손에 들어가거나 국가의 법정에서 단죄받았다. 예전에는 전혀 관심을 보이지 않던 젊은이들도 이제 청색파에 가담하여 권력을 누리고 다른 사람들 앞에서 뻐기고 싶어 했다.

이 시기에는 인간이 아는 모든 범죄가 다 일어났고, 그중 어떤 범죄도 처벌받지 않고 그냥 넘어갔다.

처음에 그들은 오직 적들만을 죽였다. 하지만 사태가 진전되자 그들은 자신들에게 아무 짓도 하지 않은 사람들까지 죽였다. 그들에게 뇌물을 먹여 암살을 사주하는 자들도 있었다. 그러면 즉각 청색파가 출동하여 자신들이 처음 보는 자를 녹색파라고 선언한 다음 죽여버렸다.

이제 그들은 이 모든 일을 어두운 밤에 은밀히 하지 않고 대명천지에, 심지어 정부의 고위 관리가 보는 앞에서도 스스럼없이 해치웠다. 그들은 이제 범죄를 숨길 생각조차 하지 않았다. 왜냐하면 처벌을 두려워

---

38 녹색파.

하기보다는, 오히려 남들이 다 보는 앞에서 무고한 행인을 단칼에 살해하는 범죄를 통해 자신의 힘과 남성다움을 증명하고 더욱 큰 명성을 얻는다고 생각했기 때문이다.

이런 상황에서는 아무도 오래 살기를 기대할 수 없었다. 누가, 언제 다음 희생자가 될지 몰랐기 때문이다. 하루의 어떤 시간대도 안전하지 않았고, 어떤 장소도 안전하지 않았다. 왜냐하면 살인자는 가장 신성한 성소에서 신성한 의식을 행하는 동안에도 일을 저질렀기 때문이다. 친구도, 가족도 믿을 수 없었다. 왜냐하면 많은 사람들이 그들의 음모로 죽어갔기 때문이다.

이런 일이 일어나도 수사가 이루어지지 않았을뿐더러, 아무런 보복도 없었다. 이제 법도, 계약도 의미가 없어졌다. 모든 일이 폭력으로 해결되었기 때문이다. 나라는 마치 이제까지 한 번도 없었던 종류의 독재하에 놓인 것 같았다. 그리고 그 독재는 매일같이 무너졌다가 새로 일어나는 특이한 것이었다.

집정관들은 오직 한 사람에 대한 두려움 때문에 넋이 나간 것처럼 보였다. 판사들은 옳고 그름이 아니라 재판 당사자들이 어느 편인가에 따라 판결했다. 그러지 않았다가는 자신의 목숨이 위험할 수 있기 때문이다. 채권자들은 돌려받지도 못한 돈을 받았다는 영수증을 써주어야 했고, 노예 주인들은 본인의 뜻과 무관하게 자기 노예들을 해방시켰다.

일부 숙녀들이 노예들에게 원치 않는 일을 하도록 강제당했다는 소문도 돌았다. 고위층 인사의 아들이 이 패들에게 엮여서 본의 아니게 아버지의 재산을 갖다 바쳤다는 얘기도 있었다. 많은 소년들이, 부모가 아는 가운데 청색파의 변태적인 요구에 응해야 했고, 행복하게 결혼 생활을 하던 부인들 중 일부도 비슷한 불운을 겪었다.

남편과 함께 보트를 타고 있던 기품 있는 부인이 당한 이야기를 해보겠다. 그 보트 옆으로 악당 패거리가 탄 보트가 다가오더니, 몇몇이서 부인이 탄 보트에 뛰어오른 후 그녀를 강제로 끌고 가려 했다. 그녀는 남편에게 눈짓하며 부끄러운 일은 일어나지 않을 것이니 아무 걱정도 하지 말라고 했다. 그리고 다음 순간, 공포에 질린 남편이 지켜보는 가운데, 그녀는 보스포루스 해협에 몸을 던져 다시는 인간 세상에 나타나지 않았다. 이런 일들이 이 패거리가 콘스탄티노플에서 감히 저지른 짓거리들이다.

하지만 이 모든 일들도 유스티니아누스가 국가에 저지른 악행에 비할 바는 못 된다. 왜냐하면 악인에게 아무리 큰 피해를 입은 사람이라도 언젠가는 법과 정부 기관이 자기 대신 악한에게 복수해줄 거라는 기대로 위로받을 수 있기 때문이다.

미래에 대한 확신이 있는 사람은 현재의 고난을 더 쉽게 견디고 덜 고통스럽게 받아들인다. 하지만 바로 그 정부에 의해 피해를 입은 사람은 당연하게도 더욱 고통스럽고, 더욱 철저한 절망에 빠지는 법이다.

유스티니아누스는 피해자들을 보호할 생각도 없었을 뿐 아니라, 오히려 본인이 자청하여 범죄단의 우두머리가 되었다. 그는 범죄자 패거리들에게 엄청난 재부를 안기고, 그들을 비호했으며, 심지어 그중 일부를 고위직과 명예직에 임명하기까지 한 것이다!

8

유스티니아누스의 외모와 성격

이런 일은 콘스탄티노플뿐 아니라 모든 도시에서 벌어졌다. 거대한 악이 마치 역병처럼 로마제국 전체로 번져갔던 것이다. 그러나 황제는 전혀 동요되지 않았다. 심지어 자기 눈앞인 히포드롬[39]에서 계속해서 말썽이 일어나는데도 개의치 않았다. 그는 마치 끈을 당기면 귀만 움직이는 노새처럼, 돌아가는 상황에 대해서 별 불만이 없었다. 유스티니아누스가 그러고 있으니 모든 것이 혼란에 빠져버렸다.

삼촌으로부터 권력을 물려받은 직후부터 유스티니아누스가 한 일은 손에 넣은 공금을 제한 없이 마구 써버리는 것이었다. 그는 우선 때때로

---

39 콘스탄티노플의 히포드롬은 황궁과 바로 붙어 있어서 황제가 궁에서 직접 전차 경주를 관람할 수 있는 구조였다.

비잔틴제국 시대의 콘스탄티노플 전경을 묘사한 그림 (출처 : antoine-helbert.com)

로마를 침략하는 훈족에게 상당액을 희사했다. 그 결과 돈맛을 알게 된
훈족은 잊지 않고 한 번씩 변경에 출몰했다. 그리고 그는 마치 거대한
파도의 지배자가 되려는 듯 콘스탄티노플 앞바다에 바위를 밀어넣는 데
에도 많은 돈을 투자했다. 그는 육지에서 한참 멀리까지 돌 방파제를 쌓
아서 대양의 힘과 자신의 부를 겨루었던 것이다.

　유스티니아누스는 전 제국에 사는 로마 시민들의 개인 재산을 끌어
모았다. 어떤 이의 재산은 그들이 저지르지도 않은 범죄를 뒤집어씌워
빼앗았고, 다른 이들의 재산은 교묘한 말로 속여 선물을 빙자해 뜯어내
기도 했다. 물론 살인이나 기타 범죄를 저지른 자들에게는 당연히 죄를

사면해준다는 핑계로 재산을 빼앗았다.

이웃의 땅을 거짓으로 자기 땅이라고 우기던 자들도 법정에서 승리할 가망이 없다고 판단되면 황제에게 그 땅을 기증하기도 했다. 그들은 그런 식으로 자기 돈 한 푼 안 들이고 황제의 우호를 사고, 개인적인 원한을 해결했다.

이제 유스티니아누스의 외모를 설명할 때가 된 것 같다. 그는 외견상 그리 크지도 작지도 않은 평균 정도의 키였다. 마른 편이라기보다는 약간 통통했고, 얼굴은 둥글었고 못생긴 얼굴은 아니었다. 그는 이틀이나 단식한 후에도 혈색이 좋은 편이었다.

간단히 설명하자면, 그는 베스파시아누스 황제의 아들 도미티아누스를 닮았다. 도미티아누스는 로마 시민들로부터 너무나 미움을 받아서 죽고 난 다음에 시민들이 그의 시체를 갈가리 찢어놓아도 분이 풀리지 않았다고 한다. 그 후 원로원이 이 황제의 이름을 기록하는 것을 금지하는 칙령을 통과시켰기 때문에 그의 동상은 어디에도 남아 있지 않다. 그리고 로마제국에 새겨졌던 그의 이름은 역대 황제의 인명록 외에는 모두 지워졌다.

그런데 로마제국 전체에서 그의 동상이 사라졌지만 딱 하나 청동으로 만든 것이 남았는데, 그 이유는 다음과 같다.

도미티아누스의 아내는 좋은 집안 출신의 귀부인이었다. 그녀는 남편의 행동을 옹호한 적도 없고, 누구에게 나쁜 짓을 한 적도 없었다. 모든 사람들이 그녀를 사랑했으므로, 도미티아누스가 죽었을 때 원로원은 그녀에게 소원이 있으면 무엇이든 말해보라고 했다. 그러자 그녀는 남편의 시체를 돌려받아 장사를 치르고, 청동으로 만든 동상을 자기가 원하는 곳에 세워서 기억하고 싶다고 대답했다. 원로원은 이를 허락했다.

이제 부인은 후세 사람들에게 자신의 남편을 난도질한 이들의 야만성을 알리기 위한 계획을 세웠다. 그는 산산조각 난 남편의 유해를 돌려받아 실과 바늘을 들고 원래의 모습과 가장 유사하게 봉합했다. 그리곤 이를 동상 제작자에게 가져가서 그 비참한 모습 그대로 청동으로 제작해달라고 부탁한다. 장인들은 실로 꿰맨 모습 그대로 동상을 만들어주었고, 그녀는 그것을 포룸(Forum)[40]에서 카피톨리오(Capitolio) 언덕으로 가는 길 오른쪽에다 세워놓았다.

그리하여 오늘날 이 동상은 도미티아누스의 모습과 그가 최후에 어떤 대우를 받았는지 알려주는 증빙처럼 그곳에 서 있다. 어쩌면 유스티니아누스의 인품과 성격도 이 동상에 명백하게 표현되어 있다고도 할 수 있을 것이다.[41]

---

40 로마 도시에서 시장과 행정 기구 등이 모여 있는 중심가. 그리스의 아고라와 비슷하다고 보면 된다.

41 도미티아누스의 동상에 대한 저자의 설명은 사실과 부합하지 않는 것 같다. 수에토니우스 등 로마의 사가들에 따르면, 도미티아누스는 암살당했지만 실제로 산산조각 나지는 않았고, 도미티아누스의 아내는 암살범과 공모하고 있었다고 한다. 또한 도미티아누스 사후

유스티니아누스의 외모는 그러했다. 하지만 그의 성격에 대해서는 잘 설명하기 어렵다. 왜냐하면 그는 악의적이면서 다정하기도 한, 형언하기 어려운 이상한 사람이었기 때문이다. 그는 누구도 진실하게 대하지 않았고, 언행에 있어서 항상 음흉했지만, 또 사기꾼에게 쉽게 속아 넘어가기도 했다.

그의 성정은 우둔함과 교활함을 부자연스럽게 뒤섞어놓은 듯했다. 옛적에 소요학파(逍遙學派)의 한 철학자가, 한 가지 색에는 실제로는 여러 색이 들어 있듯이 한 인간에게는 상반되는 두 성격이 들어 있다고 말한 적이 있는데, 이것이 그에게 딱 어울리는 진술이다. 하여튼 나는 복잡한 그의 성격을 가능한 한 최선을 다해서 묘사해보겠다.

이 황제는 부정직하고, 기만적이고, 거짓되고, 위선적이며, 이중인격자에, 잔인하고, 자기 생각을 감추는 데 능하고, 기쁘거나 슬프거나 절대 울지 않고, 다만 필요할 때면 언제든지 거짓 눈물을 흘릴 수 있는 자였다. 그는 말뿐 아니라 글로도 거짓말을 하고 살았다. 심지어 신하들이 듣고 있는 앞에서도 거짓으로 신성한 맹세를 하곤 했다. 고문이 두려워 위증을 고백하는 악질적인 성격의 노예처럼, 맹세를 한 바로 직후에 스스로의 맹세를 깨기도 했다.

그를 미워하던 원로원에서 동상들은 모두 파괴했지만, 원로원의 분노가 가라앉고 난 뒤 그를 흠모하던 군인들이 동상 하나를 복원하여 카피톨리오 언덕에 다시 세워놓았다고 한다.

신용할 수 없는 친구이자 모략을 일삼는 적인 그는 살인과 약탈, 불화와 도발을 좋아했고, 무엇이든 악한 일에 쉽게 끌렸다. 그는 훌륭한 조언자를 곁에 두려 하지 않았고, 나쁜 제안에는 쉽게 이끌려 바로 그 일을 해치웠으며, 좋은 일은 듣는 것조차 싫어했다.

유스티니아누스의 방식을 어떻게 다 언어로 옮길 수 있을까? 이 인간은 워낙 많은 악덕을 몸에 지니고 있어서, 마치 자연이 다른 이들의 수많은 악덕을 모아 이 인간의 영혼에 심어놓은 게 아닐까 하고 생각될 정도였다. 게다가 그는 귀가 너무 얇았다. 어떤 고발이든 들어오면 그는 충분히 검토하지도 않고 고발자의 말만 들은 후 바로 처벌을 내렸다. 심지어 그는 한 나라를 침략하거나, 도시를 약탈하거나, 한 민족 전체를 노예로 만들 때도 별 고민 없이 망설이지 않고 명령을 내렸다.

아마도 로마인들이 이제까지 겪었던 모든 재앙을 다 합쳐서 무게를 재보아도 그가 저지른 범죄보다 가벼울 것이다. 내가 보기에는, 이 한 인간의 손에 죽은 사람들만 해도 이전의 전 역사를 통틀어 살해당한 자들보다 더 많다.

그는 타인의 재산을 강탈하는 데도 전혀 주저함이 없었고, 심지어 법적이건 불법적이건 어떤 변명이나 이유를 대지도 않았다. 그리고 자신의 재산은 미친 듯이 낭비하거나, 별 쓸모도 없이 야만인들에게 뇌물로 제공했다.

간단히 말해, 그는 자기 돈을 지킬 줄도 몰랐고, 타인의 돈도 지키도록 놔두지 않았다. 그는 마치 탐욕 때문이 아니라 부자에 대한 질투심 때문에 그러는 것처럼, 로마인들의 재산을 빼앗아서는 낭비해버린 것이다. 그리하여 그는 온 나라를 가난으로 몰아넣었다.

내가 아는 한, 이것이 유스티니아누스의 성격이었다.

9

가장 타락한 여인 테오도라가
황제의 사랑을 얻은 방법

유스티니아누스는 아내를 얻었다. 그녀가 태어나고 자란 과정, 그리고 그와 결혼하게 된 과정과 그들이 로마제국을 뿌리부터 찢어놓은 사연을 지금부터 이야기하겠다.

아카키우스(Acacius)는 콘스탄티노플의 원형 경기장에서 쓰는 맹수들을 관리하는 사람이었다. 녹색파에 속했던 그는 곰지기(Bearkeeper)라는 별명으로 불렸다. 그는 아나스타시우스 황제 치세에 병에 걸려 죽었는데, 코미토·테오도라·아나스타샤라는 이름의 세 딸을 남겼다. 당시 세 자매는 모두 어려서 제일 큰 애가 아직 일곱 살이 채 되지 않았다.

미망인은 곧 아카키우스의 직업을 이어받은 이를 둘째 남편으로 맞아들였다. 그런데 당시 녹색파의 무용단장인 아스테리우스는 뇌물을 받고 그에게서 곰지기 자리를 빼앗아 다른 이에게로 넘겼다. 그 시절 무용단장은 그런 직책들을 나눠줄 권한이 있었기 때문이다.

어느 날 이 미망인은 원형 경기장에 사람들이 모여 있는 걸 보고 딸들에게 월계관을 씌워 탄원자의 모습으로 군중 앞에 앉게 했다. 녹색파 사람들은 이 침묵의 탄원을 무시했지만, 청색파는 최근에 자신들의 맹수 관리인도 사망했기 때문에 이 아이들을 동정했다.

아이들이 소녀로 자라자 엄마라는 사람은 자식들을 극장 무대에 세우기 시작했다. 한꺼번에 모두 무대에 올린 건 아니고 적당한 나이가 되면 차례로 관객들 앞에 선보였는데, 이 소녀들이 제법 예쁘장하게 생겼기 때문에 관객들이 좋아했다. 그중 제일 나이가 많은 코미토는 순식간에 가장 인기 있는 헤타라이(Hetarae)[42] 중 하나가 되었다.[43]

둘째였던 테오도라(Theodora)는 여자 노예들이 입는 소매 있는 작은 튜닉을 입고 코미토를 시중드는 임무를 맡았는데, 언니가 움직일 때면 그녀가 좋아하는 작은 벤치를 어깨에 메고 따라다녔다. 코미토가 길거리 아무 곳에나 앉는 것을 싫어했기 때문이다.

테오도라는 아직 남녀 관계를 제대로 알 만큼 자라지 않았지만, 주인을 따라 극장에 다니던 야만적인 노예들의 변태적인 폭력의 희생물이 되기도 했다. 또한 언니를 따라간 매춘굴에서도 비슷한 대접을 받았다.

---

42 '고급 창녀'를 가리키는 그리스 말.
43 당시 극장에서 일하는 여자들은 매춘부를 겸하는 경우가 많았다.

그녀가 성숙한 나이가 되자, 엄마는 지체 없이 테오도라를 무대 위로 올렸다. 그리고 그녀 역시 고대 그리스인들이 말한 바로 그 헤타라이가 되었는데, 왜냐하면 그녀는 플루트를 불지도, 하프를 연주하지도, 심지어 춤도 출 줄 몰라 오직 자신의 젊음을 다른 남자에게 바치는 재주밖에 없었기 때문이다.

물론 테오도라는 극장에서 연기하는 것도 좋아해 저질 코미디에서 배역을 맡기도 했다. 그녀는 매우 명랑하고 흉내를 잘 냈기 때문에 곧 무언극의 스타가 되었다. 이 소녀는 부끄러움이라고는 몰랐기 때문에 어떤 역할이든 실망하지 않고 맡았고, 어떤 연기도 얼굴 붉히는 일 없이 해냈다.

코미디 배우로서 그녀는 수갑을 차거나 뺨 맞는 연기 따위로 관객들을 즐겁게 했다. 또한 갑자기 스커트를 올려 여성의 은밀한 부위를 노출함으로써 관객들을 박장대소하게 했다. 헤타라이로서 그녀는 남자를 다루는 데 매우 능숙했다. 그녀는 일부러 불성실한 태도를 취해 애인들을 애타게 하고, 교묘한 사랑의 기술을 계속 개발해 신분 높은 자들의 가슴에 끊임없는 불길이 일어나게 했다.

그녀는 남자가 누구든 그쪽에서 먼저 말을 걸게 하지 않았다. 대신 그녀는 남자에게 먼저 농을 걸고 스커트를 올리며 유혹했고, 특히 이제 막 수염이 나기 시작하는 젊은이는 놓치지 않았다.

그녀는 쾌락의 세계에서 패배하는 법이 없었다. 그녀는 종종 열 명혹은 그 이상의 남자들과 소풍을 가곤 했는데, 밤새도록 그들 모두를상대해서 놀아주었다. 그들이 마침내 지쳐 떨어지면 그녀는 그들의 하인들과 놀았는데, 아마 서른 명 정도까지 한 번에 두 명씩 상대했을 것이다. 그리고 난 후에도 그녀는 여전히 만족하지 못했다고 한다.

한번은 제법 높은 신분의 사람이 저택을 방문했는데, 그녀는 식탁 모서리의 튀어나온 부분에 앉더니 얼굴 한 번 붉히지 않고 드레스를 끌어올린 후 자신의 은밀한 곳을 보여주었다고 한다. 그녀는 자신의 몸에 있는 문 세 개를 큐피드의 대사들을 위해 벌리면서, "만약 가슴에도 잠기지 않는 문이 있었다면 더 많은 대사들을 맞이할 수 있었을 텐데……"하면서 탄식했다고 한다.

그녀는 자주 임신했지만 그때마다 모든 수단을 동원해 즉시 유산을시켰다. 그녀는 극장에서 자주 모든 관객들이 보는 앞에서 의상을 벗고알몸을 드러냈는데, 다만 사타구니 주변에 걸친 거들만 남겨두었을 뿐이다. 그런데 그 이유가 부끄러워서가 아니라 '무화과 나뭇잎 한 조각도걸치지 않고 알몸을 노출하는 것'을 금지하는 법이 있었기 때문이다.

그녀가 거들만 걸친 채 무대 바닥에 등을 대고 누우면, 노예들이 무대 위에서 이 정열의 꽃받침⁴⁴ 위에 보리알을 마구 떨어뜨렸다. 그러면훈련된 거위들이 그녀의 위에 올라가 보리알을 막 쪼아댔고, 거들이 갈기갈기 찢어졌다. 그녀는 알몸으로 무대에서 일어나면서 전혀 부끄러워하지 않았고, 오히려 자신의 연기에 대해 자랑스러운 표정이었다. 왜냐하면 그녀는 혼자서 음란한 짓을 한 게 아니라 다른 모든 사람들도 함께 그 일에 끌어들이는 데 성공했다고 생각했기 때문이다.

극장에서 다른 배우들과 함께 있을 때, 그녀는 종종 그들 한복판에서 옷을 다 벗고 마치 공작이 꽁지깃을 자랑하듯이 등을 뒤로 활처럼 휘기도 했는데, 이는 이미 그녀를 경험한 이들과 아직 그녀를 경험해보지 못한 이들에게 자신의 유연성을 보여주기 위함이었다.

테오도라는 워낙 음란하기로 소문났기 때문에, 그녀는 평소에 다른 여자들처럼 은밀한 부분뿐 아니라 얼굴까지도 숨기고 다녀야 했다. 그녀와 어울린 적이 있는 사람은 바로 그 이유 때문에 역시 음란한 자로 판명되었기 때문에, 분별 있는 사람들은 누구나 포룸에서 그녀를 발견하자마자 마치 가까이 가면 음란한 기운이 옮는 걸 걱정하듯이 옷단을 매만지며 급하게 피해갔다. 특히 새벽에 그녀를 만나는 건 불운의 신호였다. 동료 여배우들에게도 그녀는 마치 전갈과 같았다. 그만큼 해로웠던 것이다.

후일 그녀는 펜타폴리스(Pentapolis)의 지사를 지낸 티레(Tyre)[45] 출신

---

44 테오도라를 뜻함.
45 현 레바논 지역의 도시. 지금도 티레라는 이름의 도시가 있다.

헤케볼루스(Hecebolus)의 잠자리 시중을 들며 따라다녔다. 하지만 마침내 그와 한바탕 싸우고 난 후 즉시 그로부터 버려졌다.

결과적으로 당장 생활 수단을 잃어버린 그녀는 예전처럼 매춘으로 돈벌이를 시작했다. 그러면서 알렉산드리아에 도착했고, 이어서 마치 악마의 뜻으로 지구상의 모든 땅이 테오도라의 죄를 알도록 운명 지어진 듯이, 그녀는 동방의 모든 도시에서 익숙한 일을 하면서 콘스탄티노플까지 돌아갔다.

그녀는 이렇게 태어나고 자랐다. 그녀의 이름은 모든 남자들의 입에서 일반적인 음란의 차원을 넘는 의미로 사용되었다.

하지만 그녀가 콘스탄티노플로 돌아왔을 때, 유스티니아누스는 그녀에게 완전히 빠져버렸다. 그는 처음에는 그녀를 보통의 첩으로 둘 생각이었지만, 곧 테오도라에게 귀족 신분을 주었다. 테오도라는 그를 통해 당장에 세속의 권력과 어마어마한 부를 얻을 수 있었다.

그가 보기에 테오도라는 세상에서 가장 귀여운 존재였다. 다른 모든 연인들처럼 그 역시 사랑하는 이를 위해 가능한 모든 호의를 베풀고 돈도 아낌없이 썼다.

사치는 정열의 불꽃에 기름같이 작용했다. 이제 그는 돈 쓰는 일을 돕는 테오도라와 함께 수도에서뿐 아니라 로마제국 전역에서 더욱 열심히 사람들을 착취했다. 두 사람 모두 오랫동안 청색파에 속했으므로,

그들은 이 패당에게 거의 국가의 전권을 주어버렸다. 그리고 한참 후에 다음과 같이 그들의 악행이 드러났다.

유스티니아누스가 며칠 동안 병마에 시달리자 그가 죽었다는 소문이 돌았다. 그러자 내가 이미 언급한 범죄들을 저질러온 청색파는 대명천지에 성 소피아 성당 안에서 저명인사인 히파티우스(Hypatius)[46]를 살해하기에 이르렀다.

이들의 범죄 소식이 황제의 귀에까지 들리자, 황제 주변의 모든 사람들이 유스티니아누스가 정사에서 멀어진 동안 얼마나 엄청난 일들이 벌어졌는지 고하면서, 청색파들이 저지른 범죄들을 하나하나 끄집어냈다. 그러자 황제는 지사에게 범죄자들을 처벌하라는 명령을 내렸다.

이 명령을 수행한 불행한 자는 '호박'이라는 별명의 테오도투스(Theodotus)였다. 그는 철저한 수사를 통해 여러 범인들을 잡아들여 사형에 처했지만, 여전히 다른 많은 이들은 숨거나 달아나버렸다. 그들은 후일 로마제국과 함께 멸망할 운명이었다.

주변의 기대와 달리 건강을 회복한 유스티니아누스는 바로 테오도투스에게 독살자이자 마술사의 혐의를 씌워 사형에 처하려고 했다. 하지만 그에겐 이 자를 처벌할 증거가 없었기 때문에, 테오도투스의 친구들

---

46 소위 '니카의 반란' 때 폭도들이 황제로 추대한 자의 이름도 히파티우스였는데, 그와는 다른 사람으로 보인다.

이 그를 망칠 수 있는 증언을 할 때까지 고문했다.

　모두들 테오도투스로부터 등을 돌리고 침묵한 채 한숨을 쉬고 있을 때, 재무관 프로클루스가 감히 나서서 그는 무고하며 사형은 터무니없는 처벌이라고 주장했다. 그 덕분에 황제는 테오도투스를 죽이는 대신 예루살렘으로 귀양 보냈다. 하지만 테오도투스는 암살자들이 따라오는 걸 알아차리고 어느 교회에 몸을 숨긴 후 평생을 그곳에서 보냈다. 이것이 테오도투스의 운명이었다.

　하지만 이후 청색파는 매우 신중해졌다. 그들은 예전보다 더욱 대담하게 악행을 저지르긴 했지만, 더 이상의 모험은 하지 않았다. 그래서 후일 그들 중 일부가 또 다른 악행을 저질렀을 때는 아무런 처벌도 내려지지 않았다. 왜냐하면 처벌할 권한이 있는 사람이 항상 악당들에게 달아날 시간을 벌어주었고, 또한 그들이 법을 짓밟도록 은밀히 후원하고 있었기 때문이다.

10

유스티니아누스가 타락한 여자와
결혼할 수 있도록 새 법을 만들다

황후[47]가 살아 있는 동안 유스티니아누스는 테오도라와 합법적으로 결혼할 방법을 찾지 못했다. 그녀는 이전에 한 번도 유스티니아누스의 결정에 반대하지 않았지만 이 문제에서만큼은 강경했다. 야만인 혈통의 시골 출신 여자였던 황후는 테오도라의 난잡한 생활을 경멸했기 때문이다.

무지했기 때문에 국사에는 전혀 영향을 끼칠 수 없었던 그녀는 궁정에 들어온 후 원래 이름이 촌스럽다고 버리고 유페미아(Euphemia)라는 새 이름을 쓰기도 했다. 하여간 마침내 그녀가 세상을 떠나자 유스티니아누스의 희망을 가로막은 장애물은 제거되었다.

---

47 아직 황제로 있던 유스티누스의 아내를 말한다.

황제 유스티누스는 이제 거의 망령이 들어서 신하들의 웃음감이 되어 있었다. 국사를 돌보는 능력이라곤 하나도 없는 황제를 다들 무시했다. 하지만 유스티니아누스를 대함에 있어선 모두들 상당한 경외심을 가지고 상대했다. 그는 모든 분야에 관심을 가졌고, 어느 분야에서나 문제를 일으켰다.

드디어 그는 테오도라와 결혼식을 올리려고 했는데, 고래로부터 내려온 당시의 법으로는 원로원 의원의 지위에 있는 자가 매춘부를 아내로 맞는 것이 금지되어 있었다. 그러자 유스티니아누스는 황제의 칙령을 받아 누구든지 매춘부와 결혼할 수 있도록 새로운 법을 만들어서 테오도라와의 결혼을 성사시켰다.

그 직후 그는 삼촌과 공동 황제라는 이름으로 공식적으로 로마의 지배자가 되었다. 물론 그는 (원로원의) 선거라는 형식을 통해 황제의 자리에 등극했지만, 그것은 유권자들의 공포에 기반한 것이었으므로 정당성에는 의문이 있다.

이렇게 해서 유스티니아누스와 테오도라는 권좌에 올랐는데, 이는 이웃을 방문하거나 친구를 맞이하는 것도 금지된 기간인 부활절 사흘 전이었다. 그리고 며칠 후 유스티누스가 9년간의 치세를 끝으로 병으로 사망한다. 이제 유스티니아누스는 혼자서 로마제국을 다스리는 황제가 되었다. 물론 테오도라와 함께.

이렇게 테오도라는 전술한 바와 같은 태생과 행적에도 불구하고 모든 장애를 물리치고 황후의 반열에 올랐다. 유스티니아누스는 가장 고귀한 태생에 세심하게 양육되고, 학식이 높고 교양 있고 덕 있는, 전 로마제국에서 가장 아름다운 처녀들 중에서도 최고의 처녀를 고를 수 있었음에도 불구하고, 다른 어리석은 남자들과 마찬가지로 그녀의 지저분한 과거를 무시하고 수많은 악덕에다 심지어 여러 번의 낙태를 자랑하는 여자를 아내로 삼았다.

이 남자의 성정을 설명하는 데 더 이상의 증거가 필요하지는 않으리라. 이 결합 자체에만도 이 남자의 변태성이 이미 다 드러나기 때문이다. 이것만으로도 이 자가 얼마나 뻔뻔스러운 이였는지 다들 아실 터이다. 사람이 자신의 행동을 부끄러워하지 않고 사회의 경멸적 시선을 무시하기로 결심하면 어떤 파렴치한 일도 거리낌이 없게 되는 법이다.

그러나 원로원의 어느 누구도 이 나라에 닥친 재앙을 보고서도 감히 불평하거나 막을 생각을 하지 않았다. 오히려 그들은 모두 테오도라 앞에 부복하며 그녀를 여신처럼 받들었다. 심지어 사제들도 반대하기는커녕 그녀 앞에서 앞다투어 아첨하기에 바빴다.

그녀가 극장에 서 있을 때부터 그녀를 보아왔던 사람들 역시 자진해서 그녀의 노예가 될 것을 맹세했다. 군인들조차도 테오도라의 이익을 위해 전쟁터로 나가라는 명령에 대해 불평하지 않았다. 지구상에 아무도 감히 그녀에게 반대하는 사람이 없었던 것이다.

필자의 생각에는, 다들 이것이 고약한 운명의 장난이겠거니 하면서 치욕에 순응했던 것 같다. 운명이란 때론 우리의 예상을 완전히 뛰어넘는 결정을 하기 마련이다. 그리고 어떤 이[48]는 보통 사람은 전혀 이해할 수 없는 계기를 통해 갑자기 영광을 누리는 높은 자리에 가기도 한다. 그런 사람은 운명의 도움을 받아 어떤 장애물도 쉽게 뛰어넘어 목표를 성취하는 것이다. 하지만 이것이 신의 뜻이라면 할 수 없는 일이다. 나는 그저 그 일을 기록할 뿐이다.

테오도라는 조그맣고 예쁜 얼굴에 우아한 인상을 지녔다. 얼굴은 좀 창백했지만 두 눈은 불타는 듯 빛났다. 이 여자가 극장 무대에서 한 일을 다 설명하려면 영원도 모자라겠지만, 앞에서 언급한 일부 사례만으로도 후세인들에게 그녀의 인물됨을 설명하기에 충분하리라 믿는다.

그녀와 그녀의 남편이 함께 한 일을 간략하게 설명하겠다. 왜냐하면 둘 중 누구도 상대의 허락이 없이는 아무 일도 하지 않았기 때문이다.
한동안 두 사람의 마음과 행동이 완전히 다르다는 이야기가 돌았다. 하지만 나중에서야 밝혀졌는데, 그들은 일부러 의견이 다른 것처럼 꾸

---

48 테오도라를 말함.

멨고, 그래서 신하들이 한꺼번에 자신들의 뜻에 반대하는 대신 의견이 갈리기를 노린 것이었다.

그리하여 그들은 기독교인들을 두 패로 나눠놓고 각자 한쪽을 지지하는 척해서 모두를 혼란시킨 후, 양 파벌을 모두 파멸시켰다. 테오도라는 온 힘을 다해 청색파를 지지하는 척하면서 반대파에게 가장 지독한 폭력을 사용하도록 부추겼는데, 유스티니아누스는 남들 앞에서 괴로워하는 티를 내면서 그녀의 명령을 공개적으로 반대할 수 없는 척했다.

그래서 사람들은 그들이 서로 반대로 행동한다는 인상을 받았다. 그는 청색파의 범죄를 처벌해야 한다고 주장했고, 그녀는 불같이 화를 내면서 남편이 자신의 말을 따르지 않는다고 불평했다.

어쨌거나 앞서 말했다시피, 청색파는 분명 몸가짐을 조심했다. 그들은 예전같이 노골적으로 이웃을 공격하지는 않았던 것이다.

재산 분쟁이 있을 때면 두 사람은 각자 편을 나누어서 당사자들을 응원하는 척했다. 그러다가 좀 더 불리한 쪽의 손을 들어주었는데, 그렇게 해서 결국 문제의 재산을 자신들이 강탈하곤 했다.

황제는 국가의 요직을 마음대로 나누어주면서 많은 사람들의 호의를 얻었다. 하지만 그 자리를 얻은 사람이 어느 정도 재산을 모으고 나면, 어느새 테오도라를 모욕했다는 혐의를 입고 파멸하기 마련이었다.

유스티니아누스는 처음에는 그 사람의 불행을 동정하는 척하다가 얼마 지나지 않아 본색을 드러내서 그에 대한 신임을 거두어버린다. 그러

면 테오도라는 그를 가혹하게 공격했고, 유스티니아누스는 돌아가는
사정을 모르는 척하면서 그의 전 재산을 압수해버렸다.

그들은 이렇게 서로 입장이 다른 척하는 사기술로 대중들을 혼란시
켰기 때문에 더욱 굳건한 독재체제를 구축할 수 있었다.

11

신앙의 수호자가 신민을 멸망시키다

유스티니아누스는 권력을 잡자마자 모든 것을 뒤집어놓았다. 그는 무엇이든 예전에 법으로 금지되었던 제도는 도입했고, 기존의 제도는 없애버렸다. 그는 마치 정부를 혼란에 빠뜨리기 위해 황제의 자의(紫衣)를 입은 사람 같았다.

그는 정부 사무를 보는 기존 기구들을 폐지하고 새로운 기구들을 창설했다. 그는 법률과 군대에도 똑같은 짓을 했는데, 재판을 개선한다든가 나라에 이득이 생기기 때문에 한 일이 아니었다. 그는 다만 모든 것에 자기 이름을 붙이고 싶었을 따름이었다. 그래서 황제의 힘으로도 폐지할 수 없는 것에는 결국 자기 이름을 붙였다.

그는 타인의 재산을 빼앗고 생명을 앗아가는 일에서 전혀 지칠 줄 몰랐다. 그는 부잣집에 대한 강탈이 끝나자, 이번에는 다른 목표를 찾아

움직이기 시작했다. 다른 한편으로는 이전에 벌어들인 장물들을 야만인들에 대한 보조금 명목으로 지급하거나, 의미 없이 사치스러운 건물을 짓는 데 써버렸다. 수만 명의 시민들을 약탈한 후에, 그는 그보다 더 많은 수익을 올리기 위해 연구하기 시작했다.

당시 로마는 전 세계와 화평한 상태에 있었기 때문에, 그는 피에 대한 굶주림을 다른 방법으로 해결할 궁리를 해냈다. 그는 야만인들을 부추겨 서로 싸우도록 한 것이다. 그는 아무런 이유 없이 훈족의 추장들을 불러서 우정의 표시라면서 그들에게 어마어마한 돈을 안겨주었다. 이는 그가 선제 유스티누스 시절에도 했던 일이다.

그런데 이 훈족들은 돈을 받자마자 가까운 다른 부족들에게도 그 사실을 알렸고, 그들 또한 친족들이 닦아놓은 길을 따라 황제의 땅에 들어왔다. 물론 그들 역시 평화를 조건으로 황제로부터 더 큰 보상을 받아낼 수 있었다. 즉, 훈족은 로마제국을 노예로 만들었는데, 황제는 그들의 침입을 부추기기 위해 돈을 준 것이다.

돈을 주었음에도 불구하고 야만족들은 불쌍한 로마인들을 습격했다. 약탈이 끝나면 자애로운 황제는 더 많은 보상을 내려주었다. 그리하여 훈족의 무리들은 차례로 한두 번씩 제국의 땅을 유린했다. 유스티니아누스의 어이없는 관대함 덕분에 다른 추장들이 이끄는 여러 야만인 무리들의 침입이 끊임없이 이어졌다.

결과적으로 제국의 모든 산과 들이 상처받지 않고 지나간 곳이 없었다. 어떤 지역은 다섯 번이나 야만족의 침입을 겪었다.

필자는 이미 지난번 책에서 훈족과 메디아인들, 사라센인들, 슬라브인들, 안테스인들 그리고 여러 야만족들이 초래한 재난에 대해 설명한 바 있다. 하지만 이 재난의 진짜 원인은 우행 때문이었던 것이다.

그는 호스로우에게도 역시 평화의 대가로 많은 돈을 지불했는데, 그런 다음 무슨 이유에선지 페르시아와 동맹을 맺고 있던 알라만두르가 이끄는 훈족을 자기편으로 끌어들이려다가 호스로우와의 휴전을 깨고 말았다. 이 부분에 대해서는 이미 다른 책에서 상세히 설명한 바 있다.

유스티니아누스가 내란을 부추기고 변경에서 전란을 불러오는 동안, 그의 머릿속에는 오직 한 가지 생각밖에 없었다. 그는 지구를 더욱 많은 인간들의 피로 적시고, 더욱 많은 물건을 약탈하고 싶어서 신민들을 말살할 또 다른 계획을 고안해냈다.

전 로마제국의 기독교인들 중에는 다른 교리를 지닌 여러 종파가 있었는데, 국가에서 인정한 정통파에서는 그들을 이단이라고 불렀다. 이를테면 몬타누스파(Montanists)[49], 사바스파(Sabbatian) 등 여러 교파들이 교인들이 진리로 향하는 길을 막고 있었다.

유스티니아누스는 이 모든 신앙을 금지하고 정통파 교리만을 강요했

---

49 2세기 프리기아에서 예언자 몬타누스가 창시한 교파.

다. 그리고 이단 종파의 신도들에게는 자녀나 친척들에게 유산을 상속할 권리를 박탈하겠다고 위협했다.

소위 '이단 종파'들 중에서도 아리우스파(Arian)[50]는 거의 믿을 수 없을 정도로 부유했는데, 심지어 원로원 의원들의 재산을 다 모아도 이들 교회들의 재산에는 미치지 못할 정도였으니, 로마제국의 어떤 세력보다도 부유했다고 할 수 있다. 이들이 지닌 보석과 금은붙이들은 헤아릴 수 없이 많았고, 그들은 전 세계에 걸쳐 땅과 고급 주택들을 소유했으며, 때로는 마을 전체가 다 그들의 소유물이었다.

이전 황제들은 누구도 이들 교회들을 탄압하지 않았으므로, 정통파 신앙을 가진 자들 중에서도 많은 사람들이 그들 밑에서 일하며 생활하고 있었다. 하지만 유스티니아누스가 이들의 재산을 압수하자, 거기에 붙어먹고 살던 이들의 생활 수단마저 사라졌다.

유스티니아누스가 파견한 앞잡이들이 전국 구석구석을 다니며 이단 종파들에게 개종을 강요하자 사람들은 당연히 반발했다. 그들 중 일부는 이단 심판관의 손에 죽임을 당했고, 또 다른 일부는 신앙을 지키는

---

50 이집트 출신의 아리우스가 주장한 기독교 신학의 일종인데 가장 번성했던 이단이다. 아리우스는 성부와 성자가 동급이 아니며, 예수는 창조된 존재이기 때문에 '성부'에게 종속적인 개념이라고 주장했다. 따라서 삼위일체에 반대했다. 6세기에도 특히 고트족, 반달족 등 게르만족 계열의 민족들은 아리우스파 신자들이 많았다.

유일한 길로 자살을 선택했다. 하지만 대부분은 정든 고향땅을 버리고 신앙의 자유를 찾아 떠나버렸다. 프리기아의 몬타누스파 사람들은 교회 문을 걸어 잠그고 스스로 불을 질러 화염 속에서 영광을 구했다. 그리하여 로마제국 전체가 학살과 고통의 땅이 되었다.

사마리아 사람들에 대해서도 비슷한 법이 통과되었는데, 그 때문에 팔레스타인 지역은 믿을 수 없는 혼돈 속으로 빠져들었다.

내 고향 카이사레아나 여러 다른 도시 사람들은 우스꽝스러운 교리 문제 따위로 지독한 꼴을 당한다는 건 어리석은 짓이라고 판단하고, 부모로부터 이어받은 교파를 버리고 정통파로 개종해버렸다. 덕분에 새로 만들어진 법에 따른 탄압을 피할 수 있었다.

특히 이름난 가문 출신들은 대부분 새 종교에 충실하는 게 시민의 의무라고 생각했다. 하지만 많은 이들이 법률의 강요 때문에 억지로 조상의 믿음을 버린 것에 대해 반발하듯이 다신교(多神敎)로 알려진 마니교파에 가입하기도 했다.

시골 사람들은 무기를 들고 황제에 대항하기로 결심했다. 그들은 자신들의 지도자로 사바루스의 아들 율리아누스(Julian)란 자를 뽑아 제국군에 맞서 싸웠다. 한동안 그들은 제국군을 위협하기도 했으나 결국에는 패배했고, 지도자를 포함해 모두 전사하고 말았다. 이 전투에서 약 10만 명이 사망했다고 전한다.

농부들이 사라지는 바람에 한동안 제국에서 가장 비옥한 땅을 경작할 사람이 없었다. 그 때문에 이 땅을 소유한 기독교인 지주들이 고통을 겪어야 했다. 왜냐하면 땅에서 나오던 소출은 없어졌는데 매년 내야 하는 세금은 그대로였기 때문이다. 황제는 어떤 이유에서도 세금을 감면해주는 법이 없었다.

그다음 유스티니아누스가 주목한 대상은 소위 이교도(Gentile)[51]라고 불리는 사람들이었다. 그는 이들을 고문하고 땅과 재산을 빼앗았다. 그들 중에는 명목상 기독교인으로 개종해서 목숨을 구한 이들도 있었는데, 그중에는 후일 신주(神酒)를 바치고 동물을 희생시키는 등 이교 의식을 하다가 발각된 이들도 있었다. 유스티니아누스가 기독교인들을 어떻게 다루었는지에 대해서는 나중에 이야기하겠다.

유스티니아누스는 남색을 금지하는 법률도 통과시켰다. 그런데 이 법은 법이 통과된 후 저지른 범죄를 처벌할 뿐 아니라, 과거의 남색 행위도 처벌했다. 이런 식의 소급 입법은 그 자체로 불법이다. '범죄자'는 고발자가 없어도 처벌했고, 소년이건 어른이건 한 사람의 증언만 있으면 충분한 증거로 간주되었으며, 심지어 본인의 의사에 반해서 주인을 배

---

51 Gentile란 용어는 원래 '유대인이 아닌 사람'이라는 뜻인데, '그리스 신들을 믿는 이교도'란 뜻으로도 사용되었다.

신하는 노예의 증언도 인정되었다.

유죄 판결을 받은 자들은 거세한 후 퍼레이드에서 만인이 보는 앞에 내놓았다. 이 법률은 특히 녹색파 사람들과 특별히 부유하다고 소문난 자, 혹은 황제의 심기를 거슬린 자들을 겨냥했다.

황제의 악의는 점성술가들에게도 향했다. 그 때문에 집정관들은 도둑을 처벌했을 뿐 아니라, 점성술사들이 오직 그 직업을 갖고 있다는 이유만으로 괴롭혔다. 그들은 점성술사의 등에 채찍질을 하고, 낙타에 묶어 시내를 끌고 다녔다.

그들은 자신들이 사는 고장에서 하늘의 별을 연구했을 뿐 아무도 미워하는 사람이 없었고, 대부분 존경받는 노인들이었다.

결과적으로 제국에는 끊임없는 이민의 물결이 일어났다. 어떤 사람은 야만인들이 사는 나라로 이주했고, 다른 이들은 로마로부터 가능한 멀리 떨어진 곳이면 어디든 찾아갔다. 그리하여 외국의 모든 곳에는 수많은 로마인들이 들끓었다. 사람들은 마치 자기 나라가 적국에 점령된 것처럼 느꼈고, 박해를 피하기 위해 다른 나라로 찾아갔다.

12

유스티니아누스와 테오도라는
인간의 탈을 쓴 악마들이었음을 증명한다

이제까지 나는 유스티니아누스와 테오도라가 콘스탄티노플에서 원로원 의원들 다음으로 부유한 이들의 재산을 어떻게 무자비하게 빼앗았는지 설명했다. 하지만 그들은 원로원 의원들의 재산마저 가만두지 않았으니, 이제부터 자세히 설명하겠다.

콘스탄티노플에 서방 황제를 지낸 안타미우스(Anthamius)의 손자인 제논(Zeno)이라는 사내가 살았다. 유스티니아누스는 이 자를 이집트 지사로 임명하고 즉시 출발하라고 명령했다. 그런데 여기에 황제의 음모가 숨어 있었던 것이다.

워낙 부자였던 제논은 진주와 에메랄드 등으로 장식된 금 접시와 은 접시 등 수많은 보석들을 챙겨 배에 실어야 했기 때문에 항해를 차일피일 미루고 있었다. 그런데 황제는 제논이 가장 신임하는 하인들을 매수해서 이 보물들을 빼돌리고 배에 불을 지르게 했다. 그리고 나서 그들은 제논에게는 배에 갑자기 불이 나서 그의 재산 전체가 사라졌다고 보고했다. 그 후 제논은 갑자기 죽어버렸는데, 황제 부부가 그의 재산을 상속받았다. 그들은 제논의 유언장이란 걸 제시했지만, 다들 속으로는 진짜 제논의 유언장이 아니라고 생각했다.

그들은 똑같은 방식으로 로마 원로원의 주요 인사들인 타티아누스(Tatian), 데모스테네스(Demosthenes) 그리고 힐라라(Hilara)의 재산도 상속받았다. 또한 그들은 유언장 대신 편지를 위조해서 타인의 재산을 갈취하기도 했다. 그들은 그런 식으로 리바누스에 살던 디오니시우스(Dionysius)의 재산을 상속받았고, 마찬가지로 요하네스의 재산도 상속받았다.

그런데 다른 곳에서도 설명했지만 요하네스로 말하자면, 그는 에데사의 가장 이름 높은 유명 인사인 바실루스(Basil)의 아들로, 벨리사리우스가 페르시아에 인질로 보낸 인물이다.

호스로우는 벨리사리우스가 보낸 인질인 요하네스를, 로마인들이 휴전 조건을 어겼다는 이유로 풀어주기를 거부하고, 그를 전쟁 포로로서 몸값을 받고 넘겨주겠다고 선언했다. 그러자 요하네스의 할머니가 나서서 2,000파운드의 은을 몸값으로 지불하고 손자의 자유를 사려고 했다.

하지만 이 돈이 다라(Dara)[52]에 도착하자, 그 소식을 들은 황제가 거래를 금지시켜버렸다. 로마의 국부가 야만인들에게 유출되어서는 안 된다는 게 이유였다. 이후 얼마 지나지 않아 요하네스는 병을 얻어 저세상으로 떠났다. 그러자 다라의 지사는 편지를 한 장 위조해서 요하네스가 자신의 재산을 황제에게 남긴 것처럼 꾸몄다.

이 두 사람이 간계로 상속받은 재산은 일일이 나열하기가 어려울 정도이다. 그러나 소위 '니카의 반란'이 일어나기 전까지 그들은 한 부자의 재산을 한 번에 빼앗을 뿐이었다. 그런데 그 반란이 일어나자 그들은 원로원 의원 거의 전원의 재산을 한꺼번에 강탈했다. 그들은 일단 모든 동산을 강탈하고, 그다음 가장 좋은 땅을 차지했다.

하지만 생산성이 떨어지는 땅은 배려하는 척하면서 이전 주인에게 돌려주고 무거운 세금을 매겼다. 결과적으로 이 불행한 사람들은 세리(稅吏)에게 뜯기고 빚더미에 앉아서 죽음보다 더 고통스러운 삶을 살아야 했다.

그래서 나를 포함한 많은 사람들에게 이 둘은 사람이 아니라 진짜 악마나 시인들이 말하는 흡혈귀처럼 여겨졌다. 그들을 보면 인간의 몸을 뒤집어쓴 악마 둘이서 머리를 맞대고 어떻게 하면 가장 빠르고 쉽게 인류를 멸절시킬 수 있는지 궁리하는 모습이 연상되곤 했다.

독자들도 그 두 사람이 초인적인 능력으로 자신들의 의지를 관철하

---

52 로마와 페르시아 국경 근처에 있던 도시.

는 걸 보았다면 그들이 진짜 악마라는 생각이 들었을 것이다.

우리가 사물을 자세히 관찰하면 인간에 속하는 것과 초자연적인 것 사이에는 분명한 차이가 보인다. 전 역사를 통해 살았던 수많은 사람들 가운데 어떤 이는 우연히, 혹은 타고난 성질 때문에 사람들의 공포심을 자아냈고, 도시와 나라 그리고 무엇이든 파괴할 수 있는 것을 파괴했지만, 전 인류를 파멸시키고 전 지구를 파괴하는 일은 운명의 여신의 도움을 받은 이 두 사람의 몫이었다.

이들이 재임할 즈음은 지진과 역병, 홍수까지도 파괴를 도왔다. 그래서 생각건대, 그들은 오로지 인간의 능력만이 아닌 무언가 더 큰 힘을 사용하여 자신들의 사악한 계획을 실현한 것으로 보인다.

사람들이 전하는 말에 따르면, 한번은 유스티니아누스의 어머니가 친구에게 고백하기를, 그가 남편인 사바티우스의 아들도 아니고, 실은 어떤 남자의 아들도 아니라고 했다고 한다. 그녀가 그를 임신했을 때, 그녀는 눈에 보이지는 않지만 남자와 교접할 때처럼 느껴지기만 하는 악마의 방문을 받았다는 것이다. 그리고 일이 끝나자 그 존재는 연기처럼 사라져버렸다고 한다.

유스티니아누스와 함께 밤늦게까지 궁정에 있었던 사람들의 증언도 있다. 그들은 맑은 정신 상태에서 유스티니아누스가 있던 자리에 기괴

한 악마 같은 형상이 앉아 있다고 생각했다고 한다.

한 사람은 말하기를, 황제가 갑자기 옥좌에서 일어나 걸어다녔는데 (사실 그는 결코 앉은 채 오래 있는 법이 없었다) 순간 그는 황제의 머리가 사라진 것을 보았다. 머리를 제외한 신체는 둥둥 떠다니는 듯 보였다. 그는 공포에 질려 입을 쫙 벌리고 자신의 눈을 의심했다. 하지만 곧이어 그 머리가 떠났을 때와 마찬가지로 다시 몸으로 돌아와 원래의 형상을 이루었다고 한다.

또 다른 사람은 이렇게 말했다. 그가 황제 옆에 앉아 있을 때, 갑자기 황제의 얼굴이 형체가 없는 이상한 모습으로 변해버렸다. 눈과 눈썹이 있어야 할 자리에 아무것도 없었고, 그 외에 얼굴에 있어야 할 것들이 사라져버린 것이다. 그러다가 한참 지난 후 원래의 얼굴이 돌아왔다고 한다.

이런 경우들은 내가 직접 본 것은 아니고, 이런 이상한 것들을 보았다고 확신하는 사람들에게서 들은 것이다.

부당한 탄압을 당한 이웃의 구명을 호소하러 콘스탄티노플에 올라왔던 사막의 고명한 수도사의 얘기도 있다.

그는 궁정에 도착하자마자 곧 황제가 있는 방을 찾아갔다. 그런데 황제와 가신들이 기다리고 있는 가운데 문지방을 막 넘으려던 순간, 그는 갑자기 발을 멈춰버렸다. 그리곤 뒷걸음질을 치기 시작했다. 그러자 환관들이 그를 붙잡고 황제를 향해 앞으로 나가게 하려 했다. 하지만 그는 한마디도 하지 않고 마치 심장마비라도 걸린 사람처럼 비틀거리며 뒤돌아서 자기 숙소로 돌아가버렸다.

나중에 그를 따르는 사람들이 그때 왜 그랬냐고 묻자, 그는 궁정의 옥좌에 악마의 왕이 앉아 있는 것을 보았기 때문에 그를 만나서 어떤 부탁도 할 생각이 들지 않았다고 대답했다.

유스티니아누스는 자기 앞에 차려진 진수성찬에 입을 댈 듯 말 듯 했을 뿐 제대로 먹지도 마시지도 않았으며, 모두가 잠든 심야에 혼자서 궁정 안을 떠돌아다녔던 걸로 보아 제대로 자지도 않았다. 하지만 늘 그침 없는 정욕에 사로잡혀 있었으니 악마가 깃든 게 아니라면 어떻게 설명할 수 있을까?

게다가 테오도라가 아직 극장에 있을 때 그녀의 연인들은, 밤이면 가끔 악마가 내려와서 그들을 쫓아내고 그녀와 함께 밤을 보냈다고 말했다. 그리고 안티오크의 청색파에 속하는 마케도니아란 이름의 무용수가 있었는데, 유스티니아누스와 가깝게 지냈다. 그녀는 유스티누스가 아직 황제일 때 유스티니아누스에게 편지를 쓰곤 했는데, 그녀가 앙심을 품은 동방의 유력 인사들을 고자질하는 내용으로 유스티니아누스가 그들의 재산을 강탈할 수 있게 했다.

전하는 말에 따르면, 테오도라가 이집트와 리비아에서 도착할 때 맞아준 사람이 이 마케도니아였다. 헤케볼루스로부터 가혹한 처우를 받은 후 콘스탄티노플까지 오면서 빈털터리가 된 그녀에게, 마케도니아는 다시 한 번 그녀에게 운이 트여서 부자가 될 거라고 격려했다.

그런데 테오도라는 어느 날 밤 꿈을 꾼 이야기를 했다. 그 꿈에서 어떤 목소리가 그녀에게 말하기를, 콘스탄티노플로 가면 돈 걱정은 전혀 할 필요가 없다고 했다. 그곳에서 그녀는 악마의 왕과 자리를 함께 하고, 그와 결혼하여 전 세계의 돈을 다 긁어모은다는 것이다. 사람들은 그녀의 꿈이 실제로 실현되었다고 생각했다.

13

독재자의 거짓 미소와 신앙심

유스티니아누스의 진짜 성격은 필자가 상술한 대로지만, 궁정을 방문한 사람이 언뜻 겉으로 보기에는 다정다감한 사람이었다. 그는 방문자를 거절하는 법이 없었고, 그 앞에서 부적절한 행동을 하거나 소란을 떠는 사람에게도 화를 내지 않았다. 다른 한편 그는 자신이 명령한 살인 장면을 보면서도 눈 하나 깜짝하지 않는 인물이었다.

그래서 그는 자신이 싫어하는 사람 앞에서도 절대 짜증내거나 화난 티를 내지 않았고, 평소와 다름없는 온화한 표정으로 수많은 사람들의 생명을 빼앗고, 도시들을 약탈하고, 재산을 압수하라는 명령을 내렸다.

그의 온화한 태도만 보면 양순한 사람이라고 착각할 수도 있다. 하지만 만약 그가 노린 희생자를 용서해달라고 부탁해본 사람이라면, 그가 사나운 짐승처럼 이빨을 드러내며 잔인한 표정으로 웃는 걸 보았을 것이다!

그는 특히 사제들이 이웃과 다툴 때 무조건 그들 편을 들었다. 사제가 이웃의 재산을 억지로 갈취할 때조차도 그 편을 들었는데, 그는 그렇게 함으로써 자기의 신앙심을 증명한다고 생각했다. 그의 생각에 정의란 무조건 사제가 반대편을 이기는 것이었다.

유스티니아누스 본인이 사람들의 재산을 불법적으로 빼앗았을 때도 바로 그 노획물을 교회에 기부하곤 했다. 그러면 본인은 신앙심이 깊은 티를 내고, 재산을 빼앗긴 이도 돌려받을 생각을 못하게 되는 것이다.

게다가 그는 같은 이유로 상상도 할 수 없는 숫자의 인명을 학살했다. 모든 사람들을 하나의 기독교 교리를 믿게 하겠다는 일념으로 그 생각에 반대하는 이들은 누구나 신앙의 이름으로 살해했다. 특히 그는 자기와 신앙이 다른 자를 죽이는 건 살인이라고 생각하지도 않았다.

그와 테오도라의 인간의 피에 대한 갈증은 끝이 없었고, 학살에 대해 변명조차 하지 않았다. 이 두 사람은 쌍둥이처럼 같은 욕망을 지니고 있었는데, 때때로 서로 원하는 것이 다른 듯 꾸미곤 했다. 그들은 서로에게 반대하는 척하면서 신하들을 파멸시켰다.

그리고 이 남자는 귀가 얇디얇아서 말재주가 있는 사람은 그에게 남들에게 도움 되는 좋은 일만 아니라면 어떤 일이라도 시킬 수 있었다. 주변 사람들은 그가 태양처럼 고귀해서 구름 위를 걸어다닐 운명이라며 아첨을 떨었고, 그 말을 들은 황제는 더없이 만족해했다.

한번은 황제의 곁에 있던 트리보니아누스(Tribonian)[53]가, 자신은 유스티니아누스의 신앙심이 너무 깊어서 언젠가는 하늘에서 불의 전차에 태워 모셔가버리지 않을까 하는 것이 제일 큰 걱정이라고 말했다. 이 찬사(비꼬는 말이었을지도 모른다)를 들은 황제는 그 말이 너무나 마음에 들었는지 후에도 가끔 그 이야기를 하곤 했다.

하지만 그는 어떤 사람의 장점에 대해 이야기한 후, 얼마 지나지 않아 그를 악당이라고 매도하곤 했다. 또한 그가 신하를 야단쳤을 때도, 곧이어 그를 칭찬하기도 했다. 그는 항상 입으로 하는 말과는 반대되는 생각을 머릿속에 품고 있었던 것 같다.

그가 친구와 적들에게 어떻게 대했는지는 그의 행동으로 보여준 사례를 들어 설명하겠다. 그는 적에게는 무자비하고 변함없는 존재였고, 친구들에게는 변덕스러운 존재였다. 또한 그는 어리석게도 자신에게 충성하는 사람들을 파멸시켰고, 자기가 미워하는 사람들과는 절대로 친구가 되지 않았다. 그는 가장 가깝고 친한 동료들조차 아내나 다른 이들을 위해 배신했다. 그들이 파멸한 이유가 오직 자신에게 충성을 다했기 때문이라는 사실을 알면서도 말이다.

---

53 유스티니아누스의 신하. 로마 법 제도를 재정비하는 데 큰 공을 세웠다.

그는 매사에 신용이 없었지만 탐욕과 악행에는 열심이어서 어느 누구도 이 자를 말릴 수 없었다. 테오도라 역시 다른 일에는 그를 조종하기 어려웠지만, 큰 이익이 될 만한 일이라면 무엇이든지 그가 덤벼들게 할 수 있었다.

그는 심지어 필요하다면 전혀 망설이지 않고 새로 법을 만들었고, 쓸모가 없어지면 또 바로 그 법을 폐기하기도 했다. 사실 그는 자신이 만든 법에 따라 결정을 내렸다기보다는 무조건 그에게 더 큰 이익이 되고, 더 큰 뇌물이 들어오는 쪽으로 결정을 내렸다고 할 수 있다. 그리고 신민들로부터 조금씩 재산을 갈취하면서도 전혀 부끄러운 줄 몰랐다.

물론 이는 그가 얼토당토않은 혐의를 씌워 신하의 재산을 통째로 빼앗거나 거짓 유언장을 만들어 재산을 강탈하지 않았을 때의 일이다.

그리하여 그가 로마인들을 다스리는 동안에는 신에 대한 확실한 믿음도 없고, 종교에 대한 희망도 없고, 법의 보호도 없고, 사업의 안정성도 없고, 계약에 대한 신뢰도 없었다.

관리들이 황제의 명령을 수행하기 위해 일하다가 사람을 죽이거나 재산을 강탈하면, 황제는 그들이 완벽하게 명령을 수행했다고 말하며 칭찬했다. 하지만 그들이 조금이라도 관대한 처우를 하고 돌아오면, 그는 얼굴을 찌푸리고 그때부터 그 관리들을 적으로 대했다.

황제는 관리들의 동정심을 구차한 것으로 여기고 그런 관리는 다시 등용하지 않았다. 결과적으로 신하들은 원래 그런 성격이 아닌 자들까지도 나서서 자기가 더 악독하다고 자랑하기 시작했다.

그는 자주 약속을 남발했는데 구두로 맹세하기도 하고, 문서로 약속하기도 했다. 하지만 그는 보란 듯이 약속을 깨곤 했다. 그래야만 자신의 권위가 더 올라간다고 믿었던 것이다. 그리고 필자가 이미 이야기했듯이, 유스티니아누스는 자기 신하들에게 뿐 아니라 적들에게도 그렇게 행동했다.

그는 지칠 줄 몰랐고, 거의 잠을 자지 않았다. 또한 식욕도 거의 없었고, 별로 마시지도 않았다. 식사 시간이 되면 그는 손가락으로 몇 점 집어먹는 듯하다가 바로 일어나 식탁을 떠났다. 그는 마치 식탁 위에 놓인 음식들을 보면서 하인이 쟁반에 담아온 편지를 보는 듯했고, 그에게 식사란 마치 자연이 강요하기 때문에 어쩔 수 없이 해야 하는 귀찮은 일처럼 보였다.
실제로 종종 그는 2~3일 밤낮을 아무것도 먹지 않고 지내기도 했으며, 특히 부활절 축제 전에는 꼭 그러했다. 그는 음식은 입에도 대지 않고, 약간의 물과 야생 허브만으로 때우면서, 잠은 한 시간 정도만 자고, 나머지 시간은 궁정 여기저기를 떠돌아다녔다.

만약 그가 자연이 그에게 준 시간을 좋은 일에 썼다면 많은 문제들이 완화될 수 있었으리라. 하지만 그는 자신의 모든 힘을 로마인들을 멸망시키는 데 바쳤고, 결국 국가를 뿌리까지 뒤집어놓는 데 성공했다.

그는 밥도 안 먹고, 잠도 안 자면서 매일같이 오직 자신의 신민들에게 고통을 주는 일만 고안해냈다. 그리고 필자가 이미 언급했듯이, 그는 나쁜 짓을 고안하고 실행하는 데 비상하게 유능했기 때문에, 심지어 그의 착한 일조차도 나중에 알고 보면 신민들의 몰락의 원인이 되기도 했던 것이다.

14

판결을 돈으로 사고팔다

매사가 잘못된 길로 들어섰고, 옛 관습은 하나도 남지 않았다. 필자의 이야기가 지나치게 길어지는 것을 방지하기 위해 몇 가지 사례만 거론하겠다.

일단 유스티니아누스에게선 황제의 품위라고는 전혀 찾아볼 수 없었다. 그는 황제의 자리에 걸맞은 격식을 몰랐고, 야만인들의 말투를 사용했으며, 옷도 야만인처럼 입었고, 생각도 야만인처럼 했다. 그는 예전처럼 재무관을 통해 칙령을 반포하지 않고, 대부분의 경우는 자신의 야만인스러운 말투로 직접 법령을 읽어 내려갔다. 때때로 옆에 있는 신하들과 함께 반포할 때도 있었는데, 그 칙령으로 손해를 본 사람들이 불평할 대상이 누군지 모르게 하기 위함이었다.

수세기 동안이나 황제의 비밀 전문을 기록하는 임무를 맡고 있던 비서들은 할 일이 없어졌다. 왜냐하면 황제 본인이 전문을 기록하고, 그외 비서가 하던 업무를 자신이 다 해버렸기 때문이다.

그는 로마제국의 어느 누구도, 심지어 지방의 집정관들조차도 현지의 재판에서 독립적인 판결을 내리지 못하게 했다. 비이성적으로 오만했던 그는 본인이 직접 모든 판결을 내렸는데, 문제는 쌍방이 다투는 재판에서 한쪽 말만 듣고 결론을 내렸다는 것이다. 그러니까 법률이나 정의가 아니라, 뇌물에 대한 탐욕의 기초로 판결을 내린 것이다. 재물에 대한 탐욕으로 품위를 잃어버린 황제는 수뢰에 대해서 전혀 부끄러움을 느끼지 않았다.

원로원의 칙령과 황제의 칙령이 형식적으로 충돌하는 경우가 종종 있었다. 하지만 원로원이란 곳은 그저 장식용으로만 존재하는 것이어서 투표권도 없었고, 어떤 일도 할 권한이 없었다. 원로원 회의는 옛날부터 있던 법에 형식적으로 맞추기 위해 소집되었는데, 회의 동안 의원들은 한마디도 할 수 없었다. 황제와 그의 배우자가 논란 중인 모든 문제에 대해 의견을 내어 참여했는데, 물론 그 의견대로 결정이 났다.

어떤 사람이 재판에 질 것 같으면 황제에게 돈을 더 바치면 되었고, 이기기 위해 법 개정이 필요하면 황제는 기존의 법을 폐기하고 새로운 법을 금방 만들어주었다. 나중에 누군가 폐기한 법이 다시 필요하다고 말하면 그 법을 즉시 되살려주기도 했다.

폭력이 지배하던 이 시대에는 매사가 불안정했다. 분쟁 당사자 양쪽이 모두 뇌물을 사용해서 정의의 균형이 맞춰지곤 했다. 궁정의 관리가 포룸에서 법원의 판결을 놓고 흥정을 벌이거나, 심지어 새로운 법을 만들어주겠다며 돈을 받기도 했다.

조정관(Referendar)이란 직책의 관리는 더 이상 황제에게 탄원자들의 요청을 전달하고, 집정관들이 어떤 결정을 내렸는지 보고하는 임무를 수행하는 것으로 만족하지 않았다. 그보다는 무가치한 거짓 보고와 엉터리 증언들을 모아 언제든 속을 준비가 되어 있는 유스티니아누스에게 바쳤다. 그리곤 재판 당사자들에게 돌아가서 황제와 어떤 대화를 나누었는지 전혀 이야기하지 않고 필요한 만큼의 돈을 뜯어냈는데, 그래도 아무도 그들에게 항의하는 자가 없었다.

제국의 재판정에서 경비를 맡은 군인들조차도 판결에 영향을 미치려 했다. 말하자면 모든 사람이 자신의 의무를 저버리고, 이제까지 하지 않던 일에서 한몫을 잡아보려 했다고 할 수 있다.

모든 금기는 사라지고, 이전의 모든 제한 사항도 없어졌다. 정부는 마치 아이들의 장난 같은 것이 되었다. 하지만 이번 챕터의 시작부에서 말한 대로 나는 더 이상의 자세한 설명은 생략하려 한다.

그러나 필자는 황제에게 돈을 받고 판결을 팔라고 맨 처음 조언한 인물에 대해서만큼은 언급하고 넘어가야겠다. 그 자는 킬리키아 출신의 레온(Leo)이라는 인물이었는데, 돈을 벌기 위해서라면 어떤 악독한 짓도 하고 남을 사람이었다. 아첨의 왕자라고 할 수 있는 이 자는 자신을 천진한 인물로 포장하는 재주가 있었다. 황제의 신임을 얻은 그는 이 독재자의 우행이 신민을 파멸시키도록 유도했다. 이 자가 유스티니아누스에게 판결을 돈으로 바꾸는 방법을 가장 먼저 가르쳐준 인물이다.

황제는 일단 도둑질하는 법을 배우자 멈추지를 않았다. 하지만 도둑질의 길을 가다가, 누군가 정직한 사람을 상대로 부당한 판결을 얻어내려는 사람을 만나면 그는 레온에게 달려가서 도움을 요청했다. 그는 분쟁의 대상인 재산을 황제와 나누어갖기로 하고, 그가 원하는 대로 사건을 요리했다. 이런 식으로 엄청난 재부를 쌓고 넓은 땅을 얻은 레온은 로마제국이 쓰러지는 데 가장 큰 역할을 했다고 할 수 있다.

이제 레온과 황제에게 먼저 돈을 주지 않으면 어떤 계약도, 법도, 맹세도, 문서도, 처벌도 무효가 되었다. 심지어 레온의 보증도 확실성을 담보할 수 없을 때도 있었다. 유스티니아누스는 양쪽 편으로부터 돈을 받기를 즐겼기 때문이다. 그는 양 당사자들을 모두 갈취하는 데서 아무런 죄책감도 느끼지 않았고, 양쪽이 그를 신뢰할 때 그는 기분대로 한쪽과 한 약속만 지키곤 했다. 그는 이익만 생긴다면 그런 이중 거래를 당연한 듯이 해치웠다. 유스티니아누스는 이런 종류의 인간이었다.

15

모든 로마 시민이 노예로 전락하다

테오도라 역시 끊임없이 악행을 저질렀다. 그녀는 누구를 위해서도, 어떤 이의 명령에 따르지도 않고, 오직 자신을 위해, 자신의 의지대로 자신의 힘을 사용하여 모든 일을 처리했다. 그리고 아무도 감히 그녀가 해치는 사람들을 위해 나서지 않았다.

그녀는 아무리 긴 시간이 흘러도 원한을 잊지 않았고, 이미 큰 처벌을 내린 후에도 또 다른 처벌을 내렸으며, 기도로 탄원해도 소용이 없었고, 모든 사람들이 두려워하는 하늘의 복수도 그녀에게는 아무런 의미가 없었다. 일단 그녀의 눈 밖에 나면 그것으로 끝이었다.

그녀는 살아 있는 자를 처벌하는 것은 물론이고, 죽은 자에게는 그 자손을 상대로 복수했다. 그녀는 대상자의 아들이 지닌 재산을 압수하고, 손자까지도 제물로 삼았다. 그녀는 인간을 향한 증오로 불타올랐고, 아무도 그 불을 끌 수 없었다.

그녀는 자신의 몸을 관리하는 데 필요 이상의 공을 들였는데, 그러고도 만족하지 못했다. 그녀는 아침 일찍 욕실에 들어가서 한참 있다가 나온 후, 다시 한 번 더 목욕을 하고 아침식사를 했다. 아침 식사 후에는 휴식을 취했다. 저녁 식사에서는 모든 종류의 음식과 음료를 취했다. 그녀는 잠이 유난히 많았는데 낮에 잠들어서 해가 질 때까지 잤으며, 밤에는 해가 뜰 때까지 잤다. 그녀는 그런 식으로 시간을 무절제하게 사용했지만, 남은 시간에는 로마제국을 요리하는 데 열성적으로 보냈다.

그리고 만약 황제가 그녀를 빼고 다른 사람과 국사를 의논하는 일이 일어나면, 그 사람은 본의 아니게 이른 은퇴를 하게 되고, 어쩌면 치욕스럽게 목숨까지 잃었을 것이다.

유스티니아누스는 만사를 다 처리하는 게 어렵지 않았다. 그는 침착했을 뿐 아니라, 앞서 말했듯이 거의 잠을 자지 않았고, 사람들을 만나기를 꺼리지 않았기 때문이다. 그는 잘 모르는 사람들도 거리낌 없이 알현을 허락했을 뿐 아니라, 그들과 이야기를 나누고 그 내용을 비밀로 할 것을 약조하기도 했다.

하지만 황후의 경우는 달랐다. 로마의 가장 신분 높은 관리들도 한참의 기다림과 상당한 노고 없이는 그녀를 알현할 수 없었다. 그들은 마치 노예처럼 좁아터진 대기실에서 하루 종일 기다려야 했는데, 중간에 잠깐 자리를 비우는 것은 불경으로 간주되었다.

면회를 신청한 이가 여러 대기자들 사이에서 기다리고 있으면, 환관이 와서 면회를 통지했다. 겁에 질린 채 접견실에 들어가서 황후의 발에 키스를 하고 나면 그 즉시 바깥으로 쫓겨났다. 그러니 황후 쪽에서 무슨 말을 하지 않는 이상 누구도, 어떤 말도, 요청도 할 수 없었다.

이제 시민은 사라지고 노예만 남게 되었다. 그리고 테오도라가 노예를 부리는 주인이었다. 독재자의 거짓 자애와 그 배우자의 무자비한 심성 사이에서 로마 사회는 그 정도로 타락했던 것이다.

유스티니아누스가 미소 짓는다고 해서 그것을 동의로 해석할 수 없었고, 테오도라가 얼굴을 찡그리면 어떤 일도 할 수 없었다. 태도와 분위기에서 겉으로 드러나는 둘 사이의 차이는 그 정도였다. 하지만 탐욕과 잔인성, 거짓에서는 두 사람이 완전히 똑같았다. 그들은 둘 다 일류급의 거짓말쟁이들이었다.

만약 어떤 이가 작은 실수로 테오도라의 눈 밖에 나면, 그녀는 훨씬 더 크고 심각한 혐의를 조작해내어 그를 몰아세웠다. 테오도라가 조종하는 법정은 어떤 범죄라도 만들어서 황후의 고약한 성정을 만족시키기 위해 최선을 다했다. 그들은 희생자의 재산을 즉시 압수하고, 잔인한 채찍질을 가했다. 설사 그가 유서 깊은 귀족 집안 출신일지라도 그녀는 추방이나 사형을 선고하는 데 주저함이 없었다.

하지만 그녀가 아끼는 지인이 살인이나 다른 심각한 범죄 도중에 체포되었을 경우에는, 그녀는 해당 사건을 담당한 관리들을 조롱하고 강제로 혐의를 취하하게 했다.

사실 그녀는 마치 다시 극장 무대에 선 것처럼, 기분이 내키면 아무리 심각한 국사도 가벼운 웃음거리로 만들어버리곤 했다.

한번은 오랫동안 높은 관직에 있었던 귀족 노인이(내가 잘 아는 사람이지만 이름이 알려지면 후세까지 조롱을 당할 수 있으므로 여기서 이름은 말하지 않겠다) 테오도라의 시종 하나에게 빌려준 상당액의 돈을 돌려받지 못해서 그녀에게 도움을 청하러 갔다. 그러자 그녀는 환관들에게 그 노인이 방에 들어오자마자 그의 주위를 둘러싸고 자신이 한 말을 복창하라고 명령했다. 마침내 노인이 접견실에 들어와서 그녀의 발에 키스를 한 후 울면서 말을 시작했다.

"황후 폐하, 귀족이 된 몸으로 돈 때문에 이런 말씀 드리기가 송구스럽나이다. 평민이라면 동정과 공감을 얻을 일도, 우리 귀족들에게는 치욕이 되기 일쑤이지요. 보통 사람이 저같이 궁핍에 빠졌다면 채권자에게 그 사실을 말하고 그걸로 문제가 해결되지요. 하지만 귀족은 궁핍을 인정하는 것 자체를 부끄러워하지요. 만약 그걸 사실대로 말해도, 사람들은 귀족이 가난할 수도 있다는 걸 이해하지 못한답니다. 그리고 설사 그걸 이해시킨다 해도, 그 사람은 가장 부끄럽고 참을 수 없는 치욕을 겪어야 하지요.

하지만 폐하, 제가 바로 그 고통을 겪고 있답니다. 저에게도 돈을 빌려준 채권자들이 있습니다. 제가 돈을 빌려준 채무자들도 있습니다. 그런데 채권자들은 제게 돈을 갚으라고 압박하는데, 저는 제 이름을 생각해서라도 안 갚을 수가 없습니다. 하지만 제 돈을 빌려간 사람들은 비겁한 변명을 늘어놓으며 도무지 갚지를 않습니다. 그래서 폐하께 저를 도와 옳은 일을 해주시고, 저를 곤경에서 구해내주시기를 간청하러 이렇게 왔답니다."

그가 이렇게 말하자, 황후는 마치 노래 부르듯이 흥겹게 대답했다.

"귀족이신 아무개아무개 씨~."

이 말을 따라 환관들이 합창을 했다.

"님은 탈장으로 고생하고 있나봐요~."

노인은 다시 한 번 황후에게 먼저 했던 말과 비슷한 내용으로 호소했다. 그러자 그녀는 또다시 같은 대답을 했고, 환관들은 같은 후렴으로 노래했다. 그제야 노인은 모든 것을 포기하고, 절을 한 후 집으로 돌아갔다.

황후는 한 해의 대부분을 헤라이움(Heraeum)이라 불리는 교외에 있는 바닷가에 거주했는데, 여러 가지 불편에도 불구하고 수많은 시종들이 함께 있었다. 그곳에서는 생필품을 구하기가 힘들었고, 바다도 위험한 편이었다. 갑자기 폭풍우가 몰아치거나, 상어가 공격하는 일도 있었기 때문이다. 그럼에도 불구하고 그들은 황후의 후광을 입을 수만 있다면 그런 위험은 별것 아닌 것으로 생각했다.

16

테오도라의 눈 밖에 난 이들의 운명

이제부터 테오도라를 화나게 한 사람들이 어떻게 되었는지 알려드리 겠다. 하지만 모든 사례를 다 이야기하면 끝이 없을 터이니, 이번에도 몇 가지 사례만을 말씀드리겠다.

(필자가 다른 곳에서 언급했듯이) 아말라손타[54]가 고트족 여왕의 직위 를 버리고 콘스탄티노플로 투항하기로 했을 때, 테오도라는 이 부인이

---

54 앳워터의 번역본에는 '아마살론타(Amasalontha)'로 되어 있지만, 흔히 아말라손타 (Amalasuntha)라 불린다. 그녀는 오도아케르 이후 이탈리아를 지배하던 동고트족 왕 테오 도리크의 딸로 동고트 귀족인 에우타리크(Eutharic)와 결혼했는데, 남편은 두 아이 아탈라 리크와 마타순타를 남기고 일찍 죽어버렸다. 526년 테오도리크가 사망하자, 그녀는 아들의 섭정이 되어 이탈리아를 지배하게 된다. 그런데 로마 문화에 깊이 빠져 있었던 그녀는 유스 티니아누스 황제에게 왕국과 자신의 미래를 맡기기로 결심한다. 534년 아들이 죽자 그녀는 사촌 테오다투스와 손잡고 자신의 계획을 계속 진행하다가 그의 배신으로 감옥에 갇힌 후 죽음을 맞는다.

여왕인데다가 가문도 좋고 미인이며 행동력도 발군인 것을 보고 의구심을 품었다. 게다가 유스티니아누스의 변덕까지 생각한 테오도라는 질투를 넘어서 악의를 품고 이 부인을 해치려는 결심을 하기에 이르렀다.

그녀는 유스티니아누스를 설득해서 페테르를 혼자 테오다투스의 사절이라는 명목으로 이탈리아로 보낸다. 그때 황제는 필자가 예전에 다른 책에서 설명했던, 그러나 황후에 대한 두려움 때문에 전체의 진실을 말하지는 못했던 바로 그 지시를 내렸다.

하지만 그녀는 이 자에게 단 하나의 비밀 명령을 내렸다. 바로 그 부인을 이 세상에서 사라지게 하는 것이었다. 물론 그가 명령을 제대로 수행할 경우 엄청난 금액의 돈을 주기로 약속했다(이 자는 천성적으로 큰돈이나 높은 직위를 약속하기만 하면 살인 따위를 망설이는 인물이 아니었다).

그가 이탈리아에 도착해 테오다투스를 만나 어떤 말을 했는지는 모르지만, 그로 하여금 아말라손타를 해치우게 했다. 결과적으로 테오다투스는 이탈리아에서 가장 높은 자리에 올랐고 만인의 증오도 함께 얻었다. 이것이 아말라손타 이야기이다.

유스티니아누스에게는 프리스쿠스(Priscus)란 이름의 비서가 있었는데, 그는 파플라고니아(Paphlagonia)[55] 출신의 지독한 악당으로 주인을 모시는 방법만은 제대로 알고 있었다. 그는 유스티니아누스의 손발이

---

55 현재의 터키 북쪽 지방, 흑해 연안.

되어 열성을 다했고 그에 대한 보답을 기대했다. 그 기대는 어긋나지 않아서 그는 머지않아 부정한 방법으로 엄청난 재부를 쌓을 수 있었다.

그런데 황후는 이 자가 건방진데다가 항상 자신에게 반대한다고 생각하고 황제에게 고자질했다. 처음에는 그녀가 실패했다. 하지만 그녀는 곧 자기 손으로 그 문제를 처리했다. 그 자를 배에 태워 먼 항구에 내려놓고 머리를 깎은 다음 강제로 중으로 만들어버린 것이다.

유스티니아누스는 그 문제에 대해 아무것도 모르는 척했는데, 그 후한 번도 프리스쿠스가 도대체 어디 갔냐고 묻지 않았고, 심지어 그의 존재 자체를 깡그리 잊어버린 것처럼 그의 이름을 언급하는 일도 없었다. 다만 황제는 프리스쿠스가 두고 간 재산을 챙기는 건 잊지 않았다.

한번은 테오도라가 아레오빈두스(Areobindus)라는 이름의 하인을 의심했다. 그는 야만인 출신이긴 해도 잘생긴 젊은이여서, 테오도라가 시종장 자리를 맡기고 있었다. 그녀는 그를 문초하는 대신 아무런 이유도 알려주지 않고 자신이 보는 앞에서 잔인하게 채찍질을 했다(실은 그녀가 그와 열광적인 사랑에 빠졌다는 말도 있다).

그다음 일어난 일은 아무도 모른다. 그 후 그를 본 사람도 없다. 황후가 자기 일을 숨기고 싶을 때면, 아무도 그 일을 이야기하지 않고 그대로 비밀로 남기 때문이다. 그 일을 아는 사람은 아무리 가까운 친구에게도 이야기하지 않았고, 아무리 호기심이 강한 사람도 그 일에 대해 묻지 않았다.

인류 역사상 어떤 독재자도 그만큼 공포를 자아내지는 못했다. 왜냐하면 누구라도 그녀에 대해 악담을 했다가는 결국 보복을 피할 수 없었기 때문이다. 그녀는 수많은 첩자들을 풀어 공공장소에서, 혹은 사적인 자리에서 어떤 이야기들이 오가는지 감시했다. 그녀가 누구에게든 복수해야겠다고 마음먹었을 때는 다음과 같은 일이 일어났다.

저명인사일 경우에는 그녀가 직접 심복들을 보내 로마 영토의 가장 끄트머리까지 그를 데리고 간다. 그리고 모두 잠든 한밤중에 심복들이 희생자의 얼굴을 복면으로 가린 다음 배에다 싣고 테오도라가 지정해준 장소까지 끌고 가면, 그곳의 또 다른 책임자들이 '죄인'을 받아 별도의 지시가 있을 때까지 감금해둔다. 만약 황후가 동정심이 일어서 풀어주라고 명령하면 다행이지만, 그렇지 않을 경우에는 그는 서서히 시들어가다가 결국 그곳에서 죽고 만다.

이번에는 바사니우스(Basanius)의 사례를 보자. 그는 녹색파의 일원으로 전도유망한 청년이었다. 하지만 그는 말실수를 해서 테오도라의 화를 돋우었다. 위기를 느낀 그는 미카엘 대천사 교회로 몸을 피했다. 그녀는 즉시 치안감을 보내 그를 모욕죄가 아니라 남색죄로 체포했다. 치안감은 바사니우스를 교회에서 끌어내 중인환시리(衆人環視裡)에 태형을 가했다.

멀쩡하게 생긴 로마 시민이 이런 치욕스러운 대접을 받는 것을 본 사람들이 그를 풀어주라고 소리치고, 하늘이 그들의 외침을 들었을 거라고 소리쳤다. 하지만 황후는 그를 거세시켰고, 끝내 과다 출혈로 숨지게 했다. 물론 그의 재산은 압수했다. 그때까지 바사니우스는 재판 한 번 받지 못했다.

이렇게 황후를 노하게 하면 어떤 교회도 피난처가 되지 못했고, 어떤 법도 보호하지 못했으며, 사람들이 아무리 말려도 희생자에게 자비가 베풀어지지 않았으며, 이 세상의 그 누구도 그녀를 막을 수 없었다.

한번은 역시 녹색파에 속한 디오게네스(Diogenes)란 자를 모함한 적도 있었다. 그는 황제를 포함해 모든 시민들의 사랑을 받았는데, 그럼에도 불구하고 황후는 그에게 동성애자의 혐의를 붙여 공격했다. 그녀는 그의 하인 둘을 매수해서 자기 주인을 배반하게 했는데, 그들이 바로 증인이자 원고가 되었다.

그러나 디오게네스는 신분이 높았기 때문에 표준적인 절차대로 공개 재판이 벌어졌고, 재판관들 역시 저명인사들 중에서 뽑았는데, 그들은 하인들이 내놓은 증거를 교차 심문한 끝에 증거 불충분으로 사건을 기각하고 말았다. 결정적으로 그 하인들이 아직 어린아이들이었다는 점이 이유가 되었다.

그러자 황후는 디오게네스의 친구 중 하나인 테오도루스를 자신이 운영하는 지하 감옥에 감금해버렸다. 처음에는 달콤한 말로 그를 회유하다가 그다음에는 채찍질로 강압하기 시작했다. 그가 계속 저항하자,

그녀는 황소 가죽으로 만든 밧줄로 그의 목을 죄고 조르라고 명령했다. 그러자 숨이 막힌 그의 머리에서 두 눈알이 튀어나올 듯했다.

하지만 그는 여전히 친구가 하지 않은 일을 자백하기를 거부했다. 결과적으로 판사들은 증거 불충분으로 그를 석방할 수밖에 없었다. 그러자 도시 전체가 그의 석방을 축하하기 위해 하루를 쉬었다. 이것이 사건의 전말이다.

17

테오도라가 500명의 매춘부를 갱생시킨 사연

앞서 테오도라가 벨리사리우스, 포티우스, 부제스에게 어떤 일을 했는지 이야기한 바 있다.

청색파에는 킬리키아 출신의 두 인물이 있었는데, 이들은 폭동 기간 중에 제2 킬리키아 지사인 칼리니쿠스(Callinicus)를 공격했다. 그들은 칼리니쿠스를 발견하고 죽이려 했지만, 옆에 있던 마부가 주인을 지키려고 뛰어드는 바람에 대신 그를 죽이고 말았다.

지사는 이 외에도 여러 살인 사건에 연루되어 있던 이 두 사람을 잡아 사형에 처했다. 뒤늦게 소식을 들은 테오도라는 청색파를 지원한답시고 칼리니쿠스를 해임한 다음 살인자들의 무덤 위에서 십자가에 매달았다.

황제는 지사의 죽음을 슬퍼하고 애도하는 척을 했지만, 앉아서 말로만 그의 죽음에 책임 있는 자들을 처벌하겠노라고 공언했을 뿐 실제 행동은 전혀 취하지 않았다. 다만 죽은 이의 재산을 갈취했을 뿐이다.

테오도라는 음란한 죄를 저지른 여인들의 처벌에도 상당한 관심을 기울였다. 그녀는 포룸에서 푼돈에 몸을 팔면서 비참하게 살아가던 500명이 넘는 창녀들을 붙잡아 도시에서 멀리 떨어진 곳에 있는 '회개(Repentance)'라는 이름이 붙은 수도원에 가둬놓고 갱생을 명했다. 하지만 창녀들 중 일부는 원치 않는 구원 대신 자유를 찾아서 난간에서 몸을 던졌다.

콘스탄티노플에는 조상 때부터 원로원 의원을 지내고 아버지와 할아버지까지 모두 집정관을 지낸 고귀한 가문의 두 자매가 있었다. 이들은 모두 일찍 결혼했는데 둘 다 남편이 죽어버려 과부가 되었다. 그러자 테오도라는 그들이 너무 즐거운 티를 낸다는 이유로 평범하고 못난 남자 둘을 골라서 남편으로 주고 결혼시켰다.

이 운명에 반발한 두 여자들은 성 소피아 성당으로 몸을 피해 성수반(聖水盤)에 몸을 딱 붙이고 움직이려 하지 않았다. 하지만 교회 안에서 제대로 먹지도, 자지도 못하던 그들은 마침내 황후가 제안한 결혼을 받아들이기로 했다.

그리하여 이 두 귀부인은 수많은 잘난 구혼자들을 두고 자신들보다 한참 떨어지는 가문의 변변찮은 사내들과 강제적으로 맺어지게 된 것이다. 역시 과부였던 이들의 어머니는 감히 항의할 생각도 못하고 결혼식에 참여했고, 이들의 불운을 슬퍼하며 울지도 못했다.

테오도라는 나중에서야 이 일을 후회하고 자신의 실수를 만회하기 위해 그녀들의 새 남편에게 시민들의 민원을 처리하는 일을 담당하는 높은 관직을 주었다. 하지만 이것 역시 전혀 도움이 되지 않는 결정이었다. 두 사내가 맡은 일마다 끊임없이 곤란한 문제를 일으켰기 때문이다. 하지만 테오도라는 자기 생각만 관철하면 될 뿐, 정부나 행정기관이 어떻게 돌아가든 관심이 없었다.

테오도라가 아직 극장 무대에 설 때, 그녀는 실수로 임신한 적이 있었다. 그녀는 늘 그랬듯이 낙태를 하려 시도했지만, 이번에는 지나치게 늦게 발견한 탓인지 모든 수단을 동원해보았지만 생각대로 되지 않았다. 그녀는 할 수 없이 낙태를 포기하고 아이를 낳을 수밖에 없었다.

아이의 아버지는 테오도라가 아이 때문에 일을 할 수 없어 어찌할 바를 모르는 것을 보고 그녀가 아이를 죽일까봐 지레 걱정했다. 마침내 그는 그녀에게서 아이를 빼앗아 배를 타고 아라비아로 떠나버렸다. 그는 아이에게 요하네스(John)란 이름을 지어주었는데, 자신이 죽을 때가 되어서야 열네 살 먹은 아들에게 어머니가 누군지 이야기해주었다.

이 소년은 아버지의 장례를 치르자마자 콘스탄티노플로 향했다. 궁정에 도착한 그는 황후의 거처에 가서 시종들에게 자신이 도착했음을 알렸다. 시종들은 황후가 그렇게 비인간적으로 나올 줄 모르고 그녀에게 아들 요하네스가 도착했다고 알렸다. 하지만 테오도라는 이 이야기가 황제의 귀에 들어갈까 두려워, 소년을 얼른 방 안에 들이고는 평소 은밀한 일을 시키던 하인의 손에 넘겨주었다.

이 불쌍한 소년이 어떻게 이 세상에서 사라졌는지 나는 모른다. 그 이후 아무도 이 소년을 본 사람이 없기 때문이다. 심지어 황후가 죽고 난 후에도 그 일의 결말을 안다고 나서는 사람이 없었다.

궁정에 들락거리는 부인들은 윤리 관념이라고는 거의 없었다. 그들은 남편들을 전혀 두려워하지 않고 불륜을 즐겼다. 심지어 현장에서 발각된 경우에도 처벌받지 않고 넘어갔다. 왜냐하면 그런 경우 황후에게 달려가서 부탁하기만 하면 되었기 때문이다. 그러면 곧 남편을 상대로 소송이 벌어졌는데, 이 경우 무조건 남편이 지고 벌금을 물게 되어 있었다. 게다가 채찍으로 맞고 감옥에 갇히는 경우도 흔했다.

그다음에 또 바람이 난 부인은 보란 듯이 애인과 다정한 티를 내고 다녔다. 아내가 뜯어낸 벌금의 일부는 애인의 몫이 된 건 물론이다. 따라서 그런 고생을 한 남편들은 그때부터 아내들을 감시하기보다는 전적인 자유를 부여함으로써 채찍 맞는 일을 피했다.

테오도라는 나라의 모든 것을 자기 마음대로 주무르고자 했다. 관직과 성직이 모두 그녀의 손 안에 있었고, 적임자를 뽑는 데는 딱 한 가지 결격 사유만이 있었다. 즉, 그녀의 명령을 따르는 데 있어 조금이라도 망설일 수 있는 정직한 신사는 절대 고위직에 임명하지 않는 것이었다.

그녀는 혼사도 자신의 신성한 권리라고 여기고 마음 내키는 대로 남녀를 짝지어주었다. 야만인들조차도 남자가 상대 여자를 좋아해야 결혼이 이루어졌는데, 테오도라는 그런 점보다는 자기 의지에 따라 남자에게 갑자기 아내 될 여자를 던져주었다. 신부들 입장에서도 마찬가지여서 그들은 자신이 원하지 않는 남자를 남편으로 맞았다.

심지어 결혼한 날 침대에서 남편을 쫓아내는 일도 흔했다. 남자는 혼인의 방점을 찍는 의식을 마치기도 전에 신부가 만족하지 않는다는 이유로 쫓겨났다. 이런 일을 당한 이들 중에는 조정관인 레온티우스(Leontius), 수석 행정관(Master of Offices) 헤르모게네스(Hermogenes)의 아들 사투르니누스(Saturninus) 등이 있다.

사투르니누스는 원래 헤르모게네스가 죽은 직후에 신부 측 아버지의 제안으로 참한 처녀인 사촌과 약혼한 상태였다. 그런데 결혼식 날 테오도라가 신랑을 체포해서 다른 결혼식장으로 데려갔다. 그는 놀라서 울기도 하고 고함을 치기도 했지만, 결국 크리소말로(Chrysomallo)의 딸과 결혼식을 올릴 수밖에 없었다.

크리소말로는 예전에 무용수이자 헤타라이를 하던 여자로서, 당시는 극장 일을 그만두고 동명이인인 다른 여자와 인다로라는 이름의 여자와 함께 궁정에서 황후를 수발하는 일을 하고 있었다.

마침내 새로운 신부와 침대에 누운 사투르니누스는 신부가 처녀가 아니라는 사실을 알아냈다. 나중에 그는 친구들에게 새로운 신부가 이미 구멍 뚫린 상태로 왔다고 농을 했다. 이 말이 테오도라의 귀에까지

들어갔고, 그녀는 부하들을 불러 그를 잡아오게 했다. 그는 혼인 서약의 신성함을 모독했다는 이유로 추잡한 농담을 한 학생처럼 매를 맞았다. 테오도라는 그의 등에 채찍질을 한 후 다시는 그런 어리석은 짓을 하지 말라고 일렀다.

그녀가 카파도키아의 요하네스에게 한 짓은 이미 다른 곳에서 이야기한 바 있다. 여기서 덧붙일 것은, 그녀가 한 짓은 그가 국가에 해를 끼쳤기 때문이 아니라 (후일 자기 백성들에게 더욱 심한 짓을 한 사람들도 그녀에게 그런 심한 짓은 당하지 않았다.) 황제 앞에서 그녀를 비난했고, 그 결과 황제와 그녀가 거의 싸울 뻔하게 만들었기 때문에 일어난 일이다. 이 문제에 관해서는 앞에서도 언급한 바 있지만, 여기서 사건의 진상과 동기를 명백히 밝힐 필요가 있다.

그녀가 요하네스를 이집트에 가둔 후, 그는 내가 이미 묘사했던 온갖 치욕을 다 겪었다. 하지만 그녀는 아직도 이 처벌에 만족하지 않고 그의 목숨을 앗아갈 수 있는 거짓 증인을 찾아나섰다. 4년 후 마침내 그녀는 키지쿠스(Cyzicus) 폭동에 가담해서 주교를 공격했던 무리에 속한 녹색파 두 명을 찾아내는 데 성공했다.

테오도라는 이 두 사람을 어르고 달래기 시작했는데, 결국 그중 한 사람은 요하네스가 살인 음모에 동참했다고 거짓 증언을 하기로 했다. 하지만 다른 한 사람은 온갖 고문에도 불구하고 그녀의 요청을 거부했다. 결국 테오도라는 그 혐의로 요하네스를 사형시키는 계획을 포기할 수밖에 없었다. 대신 그녀는 이 둘의 오른손을 잘라버렸는데, 하나는 거짓 증언을 거부했기 때문이었고, 다른 하나는 그녀의 음모를 숨기기 위함이었다.[56] 이 일이 모든 사람들이 보는 공개적인 장소에서 벌어졌음에도 불구하고 아무도 그 속사정을 제대로 알 수 있는 사람이 없었다.

---

56 아마도 경고의 의미였던 것으로 보인다.

18

유스티니아누스는 수천억의 인명을 살상했다

앞서 필자가 말했듯이, 유스티니아누스가 인간이 아니라 인간의 형상을 한 악마였다는 사실은 그가 인류에게 초래한 재앙의 규모만 봐도 알 수 있다. 그가 행한 일마다 일으킨 무시무시한 결과에는 악마의 권능이 드러났다. 그가 초래한 모든 죽음의 숫자를 정확하게 계산하는 것은 신만이 가능할 것이다. 그 희생자들의 수는 아마도 바닷가의 모래알 숫자와 비슷하지 않을까? 그가 인구를 거의 말살한 나라들을 돌이켜보면 아마도 수천만 명은 될 것 같다.

유스티니아누스가 그 넓은 리비아[57]를 다 파괴하는 바람에, 지금은 아무리 오랫동안 걸어도 사람 하나 발견하기 어렵다. 하지만 예전에는 8

---

57 아프리카 북부. 현재의 리비아 땅보다 조금 더 넓은 지역을 가리킨다. 하지만 남쪽은 사하라 사막으로 일반적인 거주지가 아니다.

만 명의 반달족이 아내와 자식과 노예들을 데리고 그곳에 살고 있었다.

진짜 몇 명이나 죽었는지 어떻게 알 수 있을까? 마우리타니아[58]에는 더 많은 사람들이 아내와 아이들을 데리고 살았지만 모두 사라졌다. 그리고 그들과 싸우던 수많은 로마 병사들 역시 지금은 땅속에 묻혀 있다. 따라서 누군가가 리비아에서만 500만 명이 죽었다고 감히 말한다면, 필자의 생각에는 진짜 사망자 수의 절반 정도밖에 안된다고 본다.

일이 그렇게 된 중요한 이유는 반달족이 패배한 다음에 유스티니아누스가 그 지역을 제대로 지키고, 거기 사는 사람들의 이익을 수호해서 자신의 신민으로 만든 게 아니라, 멍청하게도 벨리사리우스 본인이 리비아 전체를 약탈하고 그곳을 관리하면서 왕이 되려고 한다는 의심을 품어서 그를 당장 불러들였기 때문이다(물론 이는 벨리사리우스가 절대로 할 수 없는 일이다).

그는 새로 정복한 지역에 관리들을 보내 가치를 평가한 다음, 예전에는 그 지역에 부과되지 않았던 무거운 세금을 강제했다. 가장 좋은 땅은 자신의 소유로 하고, (야만족들의 대다수였던) 아리우스파 교인들에게는 예배를 금지했다. 군인들에게 필수적인 보급을 게을리하면서 다른 면에서는 군인들을 지나치게 가혹하게 다루었기 때문에 수시로 반란이 일어났고, 그 결과 또 수많은 죽음이 초래되었다. 그는 기존의 확립된 관

---

58 아프리카 서북부.

습을 지키지 않았기 때문에 자연히 매사가 혼란과 재앙으로 이어졌다.

리비아보다 세 배 정도 큰 이탈리아에서도 리비아 못지않은 심각한 인구 감소 현상이 나타났다. 이탈리아에서 왜 이런 일이 일어났는지에 대해서는 이미 이야기한 바 있다. 리비아에서 그가 저지른 모든 범죄들이 이탈리아에서도 반복되었다. 그는 이탈리아에 관리를 파견했는데, 곧이어 모든 것을 뒤흔들고 모든 것을 파괴했다.

전쟁 전 고트족이 지배하던 지역은 골족의 땅에서부터 시르미움(Sirmium)[59]이 있는 다키아(Dacia)[60]의 변경까지 이르렀다. 로마군이 이탈리아에 도착했을 때, 게르만족은 갈리아 키살피나(Cisalpine Gaul)[61]와 베네치아인들의 땅 대부분을 장악하고 있었다. 시르미움과 이웃하는 나라에는 게피다이족(Gepidae)[62]이 살고 있었다.

유스티니아누스는 이 모든 민족을 모두 말살했다. 전쟁에서 살아남은 자들은 전쟁에 으레 따르기 마련인 질병과 기아로 죽어갔기 때문이다. 유스티니아누스가 로마제국의 황제로 재위한 후부터 일리리아와 트라키아 전체, 다시 말해 이오니아 만에서 콘스탄티노플 근교까지, 그리

---

59 고대 로마의 도시. 현재의 베오그라드 서쪽 약 50킬로미터 정도의 거리에 위치했다.
60 현재의 루마니아, 세르비아 일대.
61 알프스 산맥의 남쪽.
62 게르만족의 하나.

스와 그 반도를 포함한 모든 지역이 매년 훈족과 슬라브족, 안테족[63]의 침입을 받았다.

이 야만족들은 로마인들에게 참을 수 없는 고통을 안겨주었는데, 매번 20만 명 이상의 로마인들이 죽거나 노예가 되었기 때문에 결국 이 지역들은 스키티아(Scythia)[64]의 사막같이 빈 땅이 되었다.

이것이 유럽과 리비아에서 벌어졌던 전쟁의 결과였다. 한편 동쪽에서는 사라센족이 끊임없이 로마를 위협했다. 이들이 이집트 땅에서 페르시아의 변경까지 얼마나 준동했던지 여기서도 살아남은 사람이 거의 없었다. 얼마나 많은 사람들이 죽었는지는 결코 알 수 없을 것이다.

호스로우 치하의 페르시아군은 세 번이나 로마 영토를 침공해서 도시들을 약탈하고, 도시와 시골에서 잡은 사람들을 죽이거나 노예로 만들어서 로마의 인구를 줄여놓았다. 때때로 콜키스(Colchis)[65]도 침공하여 자신들과 라지카(Lazica)[66]인, 그리고 로마인들의 생명을 앗아갔다.

페르시아인, 사라센족, 훈족 혹은 슬라브족 등 야만인들도 로마의 영토에서 희생 없이 철수할 수는 없었다. 그들 역시 침입 과정과 도시의 포위와 전투에서 수많은 인명 피해를 입었다. 그리하여 로마인들뿐 아

---

63 다뉴브 강 하류에 살던 슬라브족의 하나.
64 중앙아시아 평원 지대를 말한다.
65 흑해 연안의 나라. 현재의 조지아 부근.
66 콜키스의 로마 식 이름.

니라 야만인들도 유스티니아누스의 잔인성을 느낄 수 있었다.

호스로우 왕도 잔인하긴 했지만, 필자가 이미 다른 곳에서 설명한 것처럼 유스티니아누스야말로 매번 전쟁의 계기를 그에게 만들어준 사람이다.

그는 적절한 시간에 적절한 정책을 쓰지 않고, 모든 일을 잘못된 순간에 해치웠다. 평화와 휴전을 구해야 할 때 그는 이웃과 전쟁을 벌일 구실을 고안했고, 전쟁을 해야 할 때는 이상하게도 흥미를 잃어버리고 별점을 친다거나 하면서 지나치게 준비에 오랜 시간을 끌곤 했다. 물론 천성이 잔인하고 독선적이었던 그는 그렇게 게으름을 부려서 적들을 정복할 수 없었을 때도 호전성을 잃지는 않았다.

그리하여 그가 황제로 있던 동안, 전 지구는 거의 모든 로마인과 야만인의 붉은 피로 물들었다. 그것이 이 시절 전 제국에 걸쳐 일어난 전쟁의 결과이다. 하지만 콘스탄티노플과 다른 도시들 내에서 일어난 분쟁에서 죽어간 사람들의 숫자 역시 전쟁에서 죽은 이들의 숫자에 못지않다고 본다.

국내의 분쟁에서 가해자에 대한 공정한 심판과 처벌이 거의 이루어지지 않았고, 각 파당들이 모두 황제의 호의를 얻기 위해 애썼기 때문에 어떤 패거리들도 평화를 지키지 않았다. 모두들 황제가 미소를 짓거나 얼굴을 찡그릴 때마다 용기를 얻거나 공포에 질렸다. 때로는 한쪽이 상대편을 총공격하기도 했고, 때로는 작은 규모의 충돌도 있었으며, 심지어 상대편 중 제일 먼저 눈에 띄는 자에 대한 기습 공격도 있었다.

이들은 32년 동안 하루도 쉬지 않고 서로에 대한 증오를 실천했고, 그 중 많은 수가 지방 관서의 처벌을 받았다. 그러나 대부분의 처벌은 녹색파에게 집중되었다.

게다가 소위 이단자와 사마리아 사람들에 대한 박해는 로마 영토를 피로 물들였다. 이 문제는 앞서 이미 설명했기 때문에 여기서는 간단히 상기시키는 것으로 맺을까 한다. 이런 것들이 악마가 황제 유스티니아누스라는 탈을 쓰고 모든 인류에게 저지른 일들이다.

그가 재위하는 동안 로마에는 다양한 종류의 재난이 일어났는데, 혹자는 그런 일이 악마의 소행이 아니면 설명할 수 없다고 말하곤 했다. 혹은 신이 현재 로마제국의 상황에 분노해서 이를 벌하고 제국을 예전으로 되돌리기 위해서 하는 일이라고 말하는 이도 있었다.

여하튼 필자가 다른 곳에서 언급했듯이, 스키르투스(Scirtus) 강이 범람해 에데사(Edessa)를 덮쳤기 때문에 거기 살던 수많은 사람들이 고통을 당했다. 나일 강은 평소와 다름없이 수위가 차올랐는데, 예전과는 달리 물이 빠지지 않아서 현지 주민들에게 심각한 재앙이 초래되었다. 키드누스(Cydnus) 강도 범람해 타르수스(Tarsus) 시를 며칠 동안이나 물속에 빠뜨린 후 회복할 수 없는 피해를 입혔다.

동방의 대도시 중 하나인 안티오크에는 지진이 덮쳤다. 그 옆의 셀레우키아(Seleucia)도 지진 피해를 입었고, 킬리키아에서 가장 명성 높은 도시 아나자르부스(Anazarbus) 역시 지진의 희생자가 되었다.

이 대도시들에서 죽어간 사람들이 몇 명인지 누가 셀 수 있을까? 이 보라(Ibora)도 세야 한다. 폰투스(Pontus)의 주 도시 아마세아(Amasea)도, 피시디아 사람들이 폴리메데라고 불렀던 프리기아(Phrygia)의 폴리보투스(Polybotus)도, 에피로스(Epirus)의 리크니두스(Lychnidus), 코린트(Corinth, 코린토스) 주민들도 모두 세야 한다. 전부 고래로부터 인구가 많았던 도시들이다. 이 도시들 모두 이때 지진으로 파괴되었고, 거의 모든 주민들이 희생되었다. 그리고 이번에는 역병이 찾아와 지진에서 살아남은 이들 중 최소한 절반의 생명을 앗아갔다.

유스티니아누스가 로마제국에 처음 찾아왔을 때부터 나중에 독재자의 권좌에 앉아 있을 때까지 수많은 이들의 운명이 나락으로 향했다.

19

로마의 모든 부를 야만인들에게 줘버린
유스티니아누스

이제부터 그가 어떻게 로마의 모든 부를 손에 쥐었는지 설명하겠다. 우선 유스티니아누스의 재위가 시작될 즈음에 한 귀족이 꿈에서 보았다는 계시를 말씀드리겠다.

꿈속에서 그는 콘스탄티노플의 어느 바닷가에 서 있었다. 칼케돈의 맞은편 해안이었는데, 중간의 해협에 유스티니아누스 황제가 보였다. 그런데 곧이어 황제가 바닷물을 모두 들이켜는 바람에 바다에는 물이 남지 않아서 그는 땅 위에 서게 되었다. 그러자 이번에는 쓰레기와 오물로 가득 찬 다른 물이 지하의 하수구로부터 솟아나와 땅 위를 채웠다. 황제는 이 물 역시 모두 마셔버렸고, 해협의 땅이 다시 드러났다.

이것이 그가 꿈에서 본 장면이다.

삼촌 유스티누스가 황좌에 올랐을 때 유스티니아누스는 제국의 공공 자산이 충분하다는 것을 확인했다. 왜냐하면 가장 신중하고 경제적인 인물이었던 전임 황제 아나스타시우스는 제국의 후계자가 쪼들린 나머지 신민들을 착취할 것을 걱정해(이 일이 실제로 일어났다), 자신이 생애를 마감하기 전에 제국의 금고를 황금으로 가득 채워놓았기 때문이다.

하지만 그 정도의 재산을 다 소비하려면 황제라 해도 100년은 걸리지 않을까 보였지만, 유스티니아누스는 해안에 쓸데없는 건물들을 세우고 야만인들에게 아낌없이 선물을 주느라 순식간에 다 써버렸다. 27년이 넘는 아나스타시우스의 치세 동안 제국의 재무를 담당한 관리들은 3,200센테나리우스 이상의 황금을 축적해놓았지만, 유스티니아누스는 유스티누스가 살아 있을 동안에 벌써 이 모든 것을 다 낭비해버렸다.

그가 생애 동안 불법적으로 약탈한 재물들이 얼마나 되는지는 아무도 알 수가 없다. 왜냐하면 그는 매일같이 흐르는 물처럼 신민들의 재산을 빼앗아 바로 야만인들에게 나누어주었기 때문이다.

공공의 재산을 다 써버린 유스티니아누스는 신민들의 사유물에 눈을 돌렸다. 그는 콘스탄티노플과 여타 도시들에서 부자라고 소문난 사람들의 재산을 무력을 동원하거나 거짓 혐의를 조작해 강탈했다.

어떤 이에게는 다신교를 믿는다는 혐의를, 다른 이들에게는 정통파 기독교 신앙에 반하는 이단이라는 혐의를 씌웠다. 그 외에도 그가 붙인 혐의는 남색, 수녀와의 통정, 기타 불법적 성교 행위, 폭동 유발, 녹색파

옹호, 황제에 대한 반역 등 다양하기 그지없었다. 그리고 그는 자기 마음대로 죽은 자의 상속자가 되었고, 심지어 아직 살아 있을 때 상속권을 확보하기도 했다.

그가 '니카'라 불린 폭동에서 어떻게 원로원 의원들의 상속자가 되었는지는 이미 말씀드린 바 있다. 또한 그 폭동이 일어나기 얼마 전에 그가 시민들의 재산을 약탈한 일에 대해서도 말씀드렸다.

하지만 그는 야만인들에게는 언제나 큰 대접을 했다. 동쪽 야만인, 서쪽 야만인, 북쪽과 남쪽 야만인, 멀리는 브리타니아까지 지구상에 살아 있는 모든 야만인들에게 돈을 뿌리고 다녔다. 덕분에 우리는 들어보지도 못한 곳에 사는 야만인들의 사절이 콘스탄티노플에 온 것을 보고 그런 지역이 있다는 걸 알기도 했다.

그들 역시 유스티니아누스의 어리석은 환대를 알고 콘스탄티노플까지 찾아온 것이다. 그러면 그는 이를 로마인들의 재산을 빼앗아 야만인들에게 나눠줄 좋은 기회라고 기뻐하며, 주저 없이 그들의 양팔에 선물을 가득 담아주고 고향으로 돌아가게 했다.

그리하여 야만인들이 로마의 부를 모두 가져가게 되었다. 일부는 황제가 준 선물이었고, 다른 일부는 로마제국을 약탈하거나 로마인을 납치한 후 받은 몸값이었으며, 휴전을 조건으로 받은 대가도 있었다. 시작부에서 전해드린 그 꿈이 눈에 보이는 현실로 실현된 것이다.

20

재무관직을 타락시키다

　유스티니아누스는 신민들을 약탈하기 위해 여러 가지 방법을 고안해 냈는데, 그중 하나가 한꺼번에 돈을 뜯어내는 게 아니라 매일같이 조금씩 빼앗아오는 방법이었다. 이에 대해 지금부터 최선을 다해서 설명해보겠다.

　먼저 그는 새로운 지방 관리를 임명했는데, 그 관리는 가게 주인들에게 판매하는 제품의 가격을 마음대로 매길 수 있는 권한을 줄 수 있었다. 대신 주인들은 이 특권을 유지하기 위해 매년 세금을 내야 했고, 이 때문에 사람들은 통상 가격의 세 배 이상 주고 제품을 구매해야 했다.

　이로 인해 피해를 입은 고객들의 항의는 받아들여지지 않았다. 대신 이것으로 가게 주인과 지방 관리 그리고 황제는 모두 이익을 보았다. 이제 불법적인 방법도 거리낌 없이 사용하게 된 가게 주인들은 몇 배 비싼 가격으로만 고객들을 속인 게 아니라, 하자 있는 제품을 고객에게 넘기는 사기를 치기도 했다.

이후 유스티니아누스는 여러 가지 종류의 '독점권'을 판매했다. 누구라도 이 부정한 거래에 뛰어들면 자기 마음대로 가격을 정하는 특권을 누릴 수 있었다. 황제와 계약을 맺은 이들은 전적으로 자기 마음대로 사업을 운영해도 아무 탈이 없었다.

황제는 이 독점권을 공개적으로 판매했는데, 구매자들 중에는 관리들도 있었다. 황제가 이 약탈적 거래에서 이익을 보는 와중에, 관련된 관리들과 심지어 그들의 하인들까지 조금씩 자기 몫을 가져갔다.

이미 임명해놓은 관리들만으로는 이 새로운 목적을 수행하는 데 불충분하다는 듯이, 황제는 새로운 관직을 두 개 더 만들었다. 물론 그의 진짜 목적은 새로운 정보원을 심어서 보다 효율적으로 신민들을 관리하기 위함이었다.

이전까지는 지사(Prefect)가 모든 범죄 혐의를 다루었는데, 새로 임명한 치안관(Praetor)은 도둑을 처벌하는 책임을 맡았고, 공식적으로 재무관(Quaestor)[67]이라 불리는 또 다른 관리는 남색과 여성과의 불법적 성교, 신성 모독, 이단 등을 처벌했다.

---

67 로마시대의 콰이스토르(Quaestor)는 주로 재정 문제를 다루었기 때문에 '재무관'이라고 번역하는데, 로마제국 시대에는 사법권까지 가지는 경우도 많았다.

치안관은 도둑맞은 물건 중 귀중품을 발견하면 소유자가 나타나지 않았다고 주장하면서 즉시 황제에게 바쳐야 했다. 이런 식으로 황제는 계속 귀중품들을 얻어낼 수 있었다. 재무관은 혐의자를 불러오면서 동시에 그의 재산을 최대한 압류했다. 그러면 황제는 불법적으로 획득한 타인의 부를 매번 그와 함께 나누었다. 이 관리들은 심지어 재판까지 가지도 않았는데, 왜냐하면 그 전에 이미 혐의자는 사형시키고 재산은 압류해버렸기 때문이다.

그 후 이 살인에 길든 악마는 지방 치안감들에게 모든 범죄자들을 똑같은 조건으로 다루라고 명령하고, 그들에게 누가 가장 많은 사람들을 가장 빨리 파멸시킬 수 있는지 경쟁을 붙였다. 그러자 그중 하나가 질문했다.

"만약 어떤 사람에 대한 고발이 우리 세 사람에게 똑같이 들어오면 우리 중 누가 사건에 대한 관할권을 가져야 합니까?"

여기에 대해 황제는 이렇게 대답했다.

"너희들 중 가장 재빠른 자이니라."

유스티니아누스는 파렴치하게도 재무관의 직위도 타락시켰다. 선대의 황제들은 재무관의 자리를 거의 예외 없이 가장 높이 평가해서, 최대한 경험이 많고 현명하며 준법정신이 투철하고 결코 뇌물에 흔들리지 않는 사람을 임명했다. 그렇지 않고 탐욕스럽거나 어리석은 자가 이 자리에 앉으면 그 자체만으로 국가에 재앙이 된다는 사실을 알았기 때문이다.

하지만 황제가 처음 이 자리에 임명한 사람은 트리보니아누스였다. 이 자의 행태에 대해서는 다른 곳에서 충분히 설명한 바 있다. 그리고 트리보니아누스가 세상을 떠나자 황제는 그의 재산 상당액을 차지해버렸다. 그가 아직 어린아이들을 남겨놓고 죽었음에도 말이다.

그다음에 임명한 사람은 리비아 출신의 유닐루스였다. 이 자는 수사학자가 아니기 때문에 법에 대해서는 전혀 모르던 사람이었다. 그는 라틴 문자는 알았지만 그리스어는 전혀 읽을 줄도 몰랐고 말도 거의 하지 못했다. 그래서 그가 그리스어 단어를 말할 때마다 하인들의 놀림을 받았다.

하지만 그는 돈이 된다면 그 어떤 것도 마다하지 않는 인물로서, 황제의 칙령을 공개적으로 판매하는 것도 꺼리지 않았다. 그는 금화 한 푼이면 망설임 없이 누구에게나 손을 내밀었다. 7년이 넘는 기간 동안 이 좀스러운 사기꾼이 받은 조롱을 제국도 함께 받아야 했다.

유닐루스도 세상을 떠나자, 콘스탄티누스가 재무관으로 임명되었다. 그는 법에는 밝았지만 굉장히 젊었기 때문에 실제로 법정에 서본 경험이라고는 없는, 잘난 척하는 애송이에 불과했다. 유스티니아누스는 이 자를 특별히 총애해서 마치 친구처럼 지냈는데, 그는 이 자를 통해 재무관이란 직위를 자기 마음대로 운영할 수 있다고 생각했던 것으로 보인다. 결과적으로 콘스탄티누스는 짧은 기간 내에 엄청난 부를 쌓았다.

그리하여 그는 한껏 콧대를 세우고 다른 모든 사람들을 내려다보며 오만한 표정을 하고 걸어다녔다.

심지어 그에게 큰 뇌물을 제공하고자 하는 이조차도 그의 심복에게 부탁을 전하면서 또 다른 뇌물을 건네야 했다. 그와 이야기를 나눌 수 있는 시간은 그가 황제를 배알하기 위해 종종걸음을 치고 갈 때나, 황제를 만난 후 돌아서 나올 때뿐이었다. 그가 종종걸음을 친 이유는 오다가다 길에서 돈이 안 되는 사람을 만나서 시간 낭비를 하기 싫었기 때문이다. 이런 자가 유스티니아누스 시대의 재무관이었다.

21

하늘세 그리고 국경 수비대가
야만족의 침입을 막는 게 금지되었던 이유

치안관 역할을 맡은 지사는 매년 황제에게 공적 세수(稅收) 외에도 30센테나리우스를 바쳐야 했다. 이 공납은 하늘세라고 불렸는데, 필자의 생각에 이 납세가 정상적인 의무가 아니라 황제가 하늘에서 손을 뻗어 집어가는 느낌이었으므로 그렇게 부른 것 같다. 하지만 이 세금은 악당세라고 부르는 게 더 적당했다고 본다. 왜냐하면 집정관들이 이 세금을 독재자에게 바쳐야 한다는 명목으로 신민들을 가장 악랄하게 약탈했기 때문이다. 실제로는 자기들도 한몫 챙기고 있으면서 말이다.

유스티니아누스는 그런 지사들이 어느 정도 큰 재산을 축재할 때까지 처벌하지 않고 놔두었다. 때가 오자 황제는 그들에게 변명할 수 없는 혐의를 제시한 후, 예전에 카파도키아의 요하네스에게 했듯이 그들의 전 재산을 단번에 압류해버렸다.

이 시기에 관리로 임명된 사람들은 누구나 단번에 큰 부자가 되었다. 하지만 딱 두 사람의 예외가 있는데, 그중 하나가 전에 언급한 바 있는 포카스라는 정직한 인물로서 그는 관직에 있는 동안 전혀 부패하지 않았다. 다른 하나는 나중에 임명된 바수스이다. 하지만 이 두 사람은 1년을 채 넘기지 못하고 몇 달 만에 경질당했는데, 무능하다는 게 그 이유였다.

필자가 이런 문제들을 더 자세히 이야기한다면 도저히 이 책을 끝낼 수가 없기 때문에, 콘스탄티노플의 다른 모든 집정관들도 사정이 다르지 않았다는 사실만 언급하겠다.

유스티니아누스는 로마제국의 모든 곳에 똑같은 짓을 했다. 가장 악질적인 자를 하나 찾아서 그에게 비싼 가격에 관직을 팔아 그로 하여금 알아서 치부하게 허락한 것이다. 정직한 사람이나 적어도 제정신인 사람은 선량한 사람들의 돈을 강탈해서 치부하기 위해 먼저 돈을 투자한다는 생각조차 할 수 없었다. 유스티니아누스는 그런 악당들이 부자가 될 수 있도록 제국의 신민을 약탈할 수 있는 전권을 일임한 뒤 그들에게 돈을 받아 챙겼다.

이 악당들은 먼저 황제에게서 관직을 사기 위해 고리의 이자로 돈을 빌린 경우가 많았기 때문에, 임지에 도착하자마자 오로지 빨리 빚을 갚고 치부하는 것만을 목표로, 생각할 수 있는 모든 악행을 다 저지르면서 신민들을 착취했다. 그들은 수치심도 죄책감도 느끼지 않았고, 오히려 더 많은 인명을 살해하고 더 많이 약탈할수록 자신들의 명성이 높아진다고 생각했다. 왜냐하면 학살과 약탈의 기록이 쌓일수록 자신들의 열성이 증명되었기 때문이다.

그러나 황제는 이 관리들이 충분한 부를 쌓았다는 소식을 들으면, 또 적당한 죄목을 붙여 그들을 잡아넣은 다음 즉시 전 재산을 갈취하곤 했다.

황제가 통과시킨 새로운 법안에 따르면, 공직자 후보는 부패를 멀리해야 하며, 절대 뇌물을 주거나 받지 않을 것을 맹세해야 했다. 이 맹세를 어긴 자는 고대로부터 내려오는 모든 저주를 각오해야 했다.

하지만 이 법을 제정한 지 1년도 되지 않아 황제 자신이 법을 철저히 무시하고 부끄러움도 없이 관직을 거래하기 시작했다. 그것도 비밀리에 한 것이 아니고 사람들이 다 보는 포럼에서 그리 했던 것이다. 그러자 관직 구매자들 역시 당연히 맹세를 깨고 착취에 전념했다.

이후 황제는 또 다른 전례 없는 책략을 생각해냈다. 그는 콘스탄티노플에서 가장 영향력 있는 관직들을 예전처럼 팔지 않고, 이젠 고정된 월급을 받는 사람들을 채용하여 그들로 하여금 모든 수익을 황제에게 바치게 했다.

그는 자신의 대리인을 채용할 때 신중을 기해 악한들 중에서도 가장 악한 사람만을 가려서 뽑았다. 그가 채용한 첫 번째 악한이 해당 관직에 취임하고 권력을 행사하기 시작하면, 사람들은 인간의 형상을 한 이가 얼마나 악한 짓을 할 수 있는지 깨닫고 놀라곤 했다. 하지만 그의 뒤를 이은 두 번째 악한이 그 자리에 취임해서 하는 행동을 보고는 그와 비교할 때 오히려 첫 번째 관리는 악한도 아니라는 생각까지 할 정도였다. 그리고 세 번째 악한이 사람들에게 거짓 혐의를 씌우는 새로운 방법들을 개발하는 천재성을 발휘하자, 이번에는 첫 번째와 두 번째 관리는 유덕하고 정직한 사람처럼 보였다.

이렇게 악이 진화하자 인간의 악에는 자연적 한계가 없고, 악이 과거의 경험을 먹고 자라면 희생자에게 더 큰 피해를 끼칠 수 있고, 그 악의 크기는 오직 그로부터 당해본 사람만이 잴 수 있다는 사실을 알 수 있었다.

로마인들은 관리들에게 이렇게 다루어졌다.

호전적인 훈족 부대들이 로마제국 주민들을 몇 번이나 약탈하고 노예로 삼기 위해 납치해간 후, 트라키아와 일리리아의 장군들은 그들이 철수할 때 공격하려는 계획을 세웠다. 하지만 그들은 곧 계획을 접을 수밖에 없었다. 유스티니아누스 황제로부터 로마제국이 고트족 등 다른 적들에 대항하기 위해 훈족과의 동맹이 필요하니 그들을 공격하지 말라는 명령이 도착했기 때문이다.

하지만 이후 야만인들은 자신들이야말로 그 '적'이라는 듯이 로마에 침입해서 주민들을 노예처럼 대접했다. 이 로마의 '동맹군'들은 약탈품과 포로들을 잔뜩 데리고 자기들 고향으로 돌아갔다.

종종 이 지역에 사는 농부들이 아내와 자식들을 지키기 위해 힘을 합쳐 부대를 결성하고 훈족을 공격할 때가 있었다. 그들은 훈족을 살해하고 약탈물을 잔뜩 실은 말들을 사로잡았다. 하지만 이들이 이룩한 성과의 결말은 불행했다. 콘스탄티노플에서 보낸 관리들이 농부들을 고문하여 그들이 야만인들로부터 빼앗은 말들을 도로 빼앗았기 때문이다.

고위직들의 극심한 타락

황제와 테오도라는 카파도키아의 요하네스를 경질한 후, 그의 자리에 앉을 후계자로 훨씬 악한 자를 선발하기로 합의했다. 그래서 그들은 신민들을 더욱 빨리 파멸시킬 수 있는 전제정치의 수하를 찾기 위해 모든 곳을 뒤졌다. 마침내 그들은 테오도투스를 임명했는데, 그는 절대로 선량한 자는 아니었지만 여전히 황제를 만족시키기에는 약간 모자랐다.

그래서 황제와 황후는 계속해서 더 적합한 인물을 물색하다 드디어 한 사람을 발견했다. 그는 시리아 출신의 페테르 바르시아메스(Peter Barsyames)라는 자였는데, 수년 동안 환전상을 하면서 고객이 보는 앞에서 재빠른 손놀림으로 몇 푼씩 도둑질하여 부를 쌓은 인물이었다. 그는 손놀림만 빨랐던 게 아니라, 어쩌다 한 번씩 도둑질을 들킬 때마다 뻔뻔스러운 거짓말로 위기를 모면하는 재주도 있었다.

페테르는 원래 궁정 경호대에 지원했는데, 워낙 행동거지가 거칠고 뻔뻔스러워서 테오도라의 마음에 들었다. 그녀는 가장 악랄한 계획에도 그를 쉽게 써먹을 수 있겠다는 판단 하에 테오도투스의 자리에 그를 앉혔다.

그 자는 예상한 대로 물고기가 물을 만난 듯 활약하기 시작했다. 그는 전혀 가책도 느끼지 않고 병사들의 월급을 속였다. 그리고 의향만 있다면 누구에게나 관직을 팔았는데, 그 규모가 이전과는 비할 바가 아니었다. 그는 관직 구매자들에게 공개적으로 신민들의 생살여탈권을 부여했다. 이는 본인 자신이 제한 없이 신민들을 약탈할 권한을 지니고 있었기 때문이다.

국가의 최고 관리가 앞장서서 이러한 실질적인 인신매매를 진행한 것이다. 결과적으로 보면 그가 바로 도시들의 파멸을 불러온 계약을 한 것이다. 그리하여 징수관(Collector)[68]이라는 이름을 얻은 허가받은 강도들이 최고 법원과 공공의 포룸에서 설치고 다녔다.[69] 이들 제국의 대리인들은 평소부터 악명 높은 이들이 많았는데, 페테르는 악당들만 골라서 이 일을 시켰다.

이러한 점에서 페테르가 특별한 건 아니었다. 그의 전임자와 후임자

---

68 높은 관직을 돈으로 사고 그 대신 절망한 신민들을 착취해서 돈을 버는 사람.
69 쉽게 말해 국가에서 백성들에게서 세금이나 기타 공납을 대신 받아주는 대행업체를 고용했다고 보면 된다.

역시 정직하지 않기는 마찬가지였기 때문이다. 수석 행정관, 공공 재산과 황실 재산을 관리하는 황실 재부관(Palatine Treasurer)도 마찬가지였다. 간단히 말해 콘스탄티노플과 다른 도시들에서 관직에 있는 모든 이들이 그러했다.

이 전제군주가 국사를 맡자마자 각 부처의 장관들은 해당 부서의 돈을 황제가 가져가지 않으면 대신 본인이 마음대로 쓰기 시작했고, 이 관리들의 소관 하에 있는 백성들은 마치 노예와도 같이 봉사하면서 극도의 가난에 시달려야 했다.

한번은 콘스탄티노플의 대형 곡물상들이 보관하고 있던 곡식들 중 상당량이 보관을 잘못한 탓에 썩어버렸다. 하지만 황제는 동방의 각 도시들로 하여금 인간이 먹기에는 적합하지 않은 이 물건들을 사도록 했다. 심지어 이 썩은 곡식들에 최상품 가격보다 훨씬 더 높은 가격을 붙여서 말이다.

그리하여 구매자들은 비싼 돈을 주고 산 썩은 곡식들을 하수구나 바다에 버릴 수밖에 없었다. 그러자 황제는 아직 많이 남아 있던 멀쩡한 곡식들을 기아의 위기에 직면한 도시들에 팔아 두 배의 이익을 남겼다.

하지만 그다음 해에는 작황이 좋지 않아 콘스탄티노플의 곡물 수입이 필요량에 모자랐다. 상황을 걱정한 페테르는 트라키아와 프리기아, 비티니아로부터 많은 양의 곡물을 사오기로 결정했다. 그래서 이 지역 주민들은 수확물을 자기들이 직접 해안까지 운반해서 콘스탄티노플로

가는 배에 실어야 했다. 물론 그들에게는 처참할 정도로 적은 돈만이 지급되었다.

이런 거래로 입는 손실이 너무 커서 농민들 입장에선 수확물을 해안까지 운반하지 않는 대신 차라리 지방 관서에 바치고 벌금을 내는 편이 나았다. 당시에는 이런 체계를 '상호 협조적 구매'라고 불렀다.

하지만 이런 조치에도 불구하고 콘스탄티노플에는 충분한 양의 곡물이 공급되지 못했기 때문에 황제는 면전에서 비판을 들어야 했다. 게다가 수도에 있던 봉급이 밀린 거의 모든 병사들이 모여 반란의 기세로 소요를 일으켰다. 그러자 황제는 수도의 불만에 대응하기 위해, 부정한 치부를 근거로 페테르를 경질하기로 결심했다.

하지만 테오도라는 남편이 그를 자르게 두질 않았다. 그녀는 이 페테르 바르시아메스란 자에게 완전히 반해 있었기 때문이다. 필자가 보기에 이는 이 자가 신민을 다룰 때 보여준 '교활함과 놀라운 잔인성' 때문인 것 같다. 왜냐하면 그는 테오도라 자신의 교활하고 잔인한 성격과 가장 닮았기 때문이다.

들리는 소문에 의하면, 페테르가 그녀를 자기 사람으로 만들기 위해 마법을 썼다는 이야기도 있다. 왜냐하면 페테르는 대놓고 마니교 신도임을 공언한 자로서 마법사와 악마들을 섬기고 있었기 때문이다. 황후는 그런 사실을 다 알고도 이 자에 대한 총애를 거두지 않았을 뿐 아니라 바로 그 이유로 그를 더욱 아꼈다. 황후는 어렸을 때부터 마법사와 주술사들과 친교를 나누었고, 오랜 세월 동안 그런 쪽으로 경도되어 흑마술을 믿고 따랐기 때문이다.

실은 그녀가 유스티니아누스를 사로잡은 이유도 단지 자신의 매력과 아첨 때문이 아니라 악마에게서 빌린 힘 때문이라는 말도 있다. 왜냐하면 유스티니아누스는 그다지 심지가 굳고 정의감으로 뭉친 사내가 아니라 재물과 피에 눈이 어두워 눈속임이나 아첨에 쉽게 넘어가는 성격이었다. 게다가 그는 주변의 조그만 자극에도, 가벼운 바람에 날리는 먼지처럼 수시로 자신의 계획을 바꾸었기 때문에 주변 사람들은 도무지 그의 계획을 신뢰할 수가 없었다.

따라서 그는 주술사의 쉬운 표적이 되었고, 테오도라의 힘에 쉽게 굴복했던 듯하다. 그래서 황후는 페테르를 매우 아끼고 이런 종류의 일에 써먹었던 게 아닐까 싶다.

황제는 테오도라의 반대에도 불구하고 페테르를 자리에서 물러나게 했지만, 머지않아 이번에는 그를 재무 책임자의 자리에 임명할 수밖에 없었다. 그 자리는 팔레스타인 사람 요하네스가 고작 몇 달간 맡아오던 직책이었는데, 이 사람은 지나치게 선량하고 정직해서 사적으로 축재할 줄도 몰랐고, 어느 누구도 모욕한 적도 없었다.

그래서 사람들이 그를 모두 좋아했는데, 바로 그 때문에 유스티니아누스와 테오도라의 마음에는 들지 않았다. 그들은 예상치 못한 가운데 자기 수하들 중 품위 있는 신사를 발견하자 공포에 질려서 재빨리 제거

해버렸던 것이다.

이렇게 해서 요하네스의 재무 책임자 자리를 계승한 페테르는 다시 한 번 엄청난 재앙의 원인이 되었다. 그는 오래전 선대 황제 시절부터 전통적으로 가난한 자들을 위해 배정해놓았던 공금의 대부분을 횡령하여 자신의 것으로 삼고 황제에게도 일부를 떼어주었다.

그리하여 기본 생활 수당을 박탈당한 로마 빈자들은 큰 슬픔에 잠겼다. 게다가 그는 주화에 들어가는 황금의 양을 줄여버렸는데, 이는 예전에는 한 번도 없던 일이었다. 황제는 이런 사람들을 골라서 행정을 담당하는 관리로 임명했던 것이다.

토지 소유자들이 몰락한 이유

이제부터 황제가 어떻게 제국의 토지 소유자들을 파멸시켰는지 설명하겠다. 물론 지금까지 황제가 각 도시들에 보낸 관리들이 어떤 이들이었는지 설명했으므로 그들이 토지 소유자들에게 초래한 고통을 이미 짐작하시겠지만 말이다. 그들은 로마의 토지 소유자들을 약탈하고 그 외에도 다양한 폭력을 행사했다.

고래로 로마의 지배자들은 종종 신민들의 밀린 공공 채무를 탕감해주는 관행이 있었는데, 이는 경제적 곤경에 처해서 아무리 노력해도 채무를 갚을 수 없는 자들을 벼랑으로 몰지 않기 위함이었다. 그래서 세리들 역시 세금을 낼 형편이 안 되는 납세자에게는 지나친 요구를 하지 않았다. 하지만 32년 동안 유스티니아누스는 신민들에게 그런 양보를 하지 않았고, 결과적으로 세금을 낼 돈이나 채무를 갚을 능력이 안 되는 사람들은 나라를 떠나서 다시 돌아오지 않았다.

세금을 성실하게 납부하는 상대적으로 부유한 자들은 자신들의 토지에 합당한 세금보다 더 적은 액수를 납부했다는 밀고 때문에 끊임없이 시달려야 했다. 이 불행한 자들은 세목의 증설보다는 납세 후에도 계속되는 추가 징세 때문에 계속 고통받아야 했다. 그중 많은 자들은 차라리 밀고자들에게 땅을 넘기거나 정부에서 압류가 들어올 때까지 기다리고 있었다.

게다가 메디아인과 사라센족이 아시아 대부분의 지역을 파괴했고, 훈족과 슬라브족은 유럽을 황폐화시켰다. 그들은 도시를 장악한 후 그 뿌리까지 파괴하거나, 막대한 규모의 조공을 뜯어가거나, 재산을 빼앗고 남자들을 노예로 끌고 가기도 했다. 그럼에도 불구하고 세금은 전혀 면제되지 않았다. 단, 도시 전체가 약탈당한 경우만은 예외였는데, 그 경우에도 딱 1년간만 세금을 면제해주었다.

필자의 생각에는, 유스티니아누스가 아나스타시우스 황제가 그러했듯이 약탈당한 도시의 세금을 7년간 면제해주었다 해도 충분하지 않았을 거라고 본다. 카바데스(Cabades)[70]는 건물에는 거의 손상을 입히지 않고 철수했지만, 호스로우[71]는 손에 닿는 것은 모조리 뿌리까지 불태

---

70 아나스타시우스 황제 시절 비잔틴제국을 침공했던 페르시아 왕.
71 카바데스의 아들이자 계승자인 페르시아 왕.

워버려서 그가 떠난 자리에는 폐허만이 남아 있었기 때문이다.

그러나 1년간 면세라는 어처구니없는 조치를 맞이한 이들 생존자들과 메디아군에게 몇 번이나 시달린 로마인들, 동방의 야만인 훈족과 사라센족에게 쉼 없이 약탈당한 사람들, 유럽의 야만인들에게 똑같은 운명을 겪은 로마인들에게 이 모든 야만인들을 다 합친 것보다 더 많은 고통을 가져다준 적은 바로 황제였다. 야만인이 철수하자마자 토지 소유자들은 즉시 보급과 부과금과 추가 부담금으로 고통받아야 했기 때문이다.

'보급'을 좀 더 자세히 설명하자면 이렇다. 토지를 소유하고 있는 자들은 각기 로마 군대에 식량을 제공할 의무가 있었는데, 무료는 아니고 법률로 정해진 평가 방식에 따라 가격을 정했다. 그런데 자신들의 땅에서 나는 산물로 군사와 군마들에게 충분한 식량을 제공할 수 없을 때는 그들이 직접 나가서 필요한 식량을 사와야만 했다.

때로는 주변에 식량이 충분하지 않아서 매우 높은 가격을 지불하거나, 심지어 멀리 타국에 가서 식량을 수입해 주둔지까지 공급하기도 했다. 하지만 지휘관들은 법에 정해진 대로가 아니라 본인의 변덕에 따라 가격을 책정했으므로 토지 소유자들의 손해는 늘 막심했다.

소위 '상호 협조적 구매'라고 불린 이 시스템은 토지 소유자들의 심장을 빼앗아갔다. 이 때문에 그들이 매년 내는 세금이 열 배로 불어나는 것이나 다름없었기 때문이다. 그들은 군대를 먹여 살려야 했을 뿐 아니라, 종종 콘스탄티노플로부터 곡물을 강제로 구매해야 했다. 그런데 페테르만이 이런 짓을 한 관리가 아니었고, 그 전의 카파도키아인이나 그 후 페테르의 후계자들도 마찬가지 짓을 강요했다. 이것이 소위 '상호 협조적 구매'가 의미하는 바였다.

'부과금'은 토지 소유자들을 기습해서 생계에 대한 희망을 뿌리까지 꺾어버린 불의의 재앙이었다. 땅을 빌려 농사를 짓던 소작농들이 죽거나 혹은 다른 나라로 떠나버린 땅이나, 주인이 농사지을 여력이 없어 묵혀둔 땅에도 세금은 여지없이 부과되었고, 심지어 이미 모든 것을 잃어버린 자들에게도 예외가 아니었다. 이것이 이 시절에 흔히 땅에 대해 부과되는 '부과금'이었다.

마지막으로 '추가 부담금'을 간단히 설명하자면 이렇다. 많은 도시에서 야만인의 침입과 전쟁의 여파로 인구가 줄었는데, 자세한 설명은 생략하겠다. 일일이 하나씩 설명하자면 이 책을 끝낼 수 없기 때문이다.

여하튼 토지 소유자들은 이 줄어든 인구가 내야 할 세금까지 대신 부담해야 했다. 게다가 로마제국에 살아남은 사람들을 노리는 역병까지 찾아왔다. 농부들 대부분이 이 역병으로 죽어버려서 그들이 경작하던 땅은 버려졌다.

그럼에도 불구하고 유스티니아누스는 이 땅에 대한 세금을 면제해주지 않았고, 살아남은 자들은 이웃의 세금까지 내야 했다. 게다가 이 모든 부담을 진 가난한 이들 앞에 군대가 찾아오면, 그들을 위해 제일 좋은 방을 내주고 자신들은 가장 초라한 방에서 자야 했다.

유스티니아누스와 테오도라의 지배 하에서 인류는 이렇게 끝없는 고난에 시달려야 했다. 이 시대에는 전쟁과 재앙이 끊임없이 계속 찾아왔기 때문이다.

군대의 숙소 징발에 대해서 한 가지만 덧붙이자면, 한때 콘스탄티노플의 가구들은 무려 7만 명의 야만인들을 재워야 했다. 그래서 다들 온갖 불편을 감수하면서 자기 집에서 손님처럼 지내야 했던 것이다.

군인에 대한 부당한 대우

황제가 병사들의 등골을 빨아먹었던 사실도 언급하지 않을 수 없다. 그는 급여 담당자에게 병사들에게 지급되는 돈을 최대한 절약하라는 지시를 내리고, 절약분의 1/12을 사적으로 챙겨도 좋다고 허락했다. 그러자 그들은 수단과 방법을 가리지 않고 군인들의 급여를 강탈하기 시작했다.

병사는 계급에 따라 급여 수준이 달랐는데, 갓 입영한 신참은 적게 받았고, 근무 기간이 쌓일수록 급여는 증가했다. 따라서 이제 곧 전역하는 고참들은 민간인으로 돌아갔을 때 저축만 가지고도 생활이 가능하도록, 또한 사망하더라도 가족에게 충분한 연금을 남길 수 있도록 높은 수준의 급여가 지급되었다. 그래서 나이 많은 전우들이 전사하거나 전역하고 나면, 남아 있는 사병들의 계급도 올라가고 그것에 맞추어 급여도 올라가기 마련이었다.

그러나 급여 담당자는 사망한 병사들의 이름을 명단에서 지우지 않았다. 심지어 전쟁에서 종종 그러하듯이 일개 부대가 전멸했을 때조차도 그 이름만은 명단에 살려두었다. 그러면서 죽은 병사들 자리를 충원하지도 않았다. 그 결과 병사들의 수효는 점점 줄어들었는데, 형식적으로는 상위 계급의 병사들이 명단에 살아 있었으므로 실제로 살아남은 병사들의 진급도 이루어지지 않았다. 급여 담당자들은 이로 인해 남은 급여를 유스티니아누스에게 바치고, 자신의 몫도 따로 챙겼던 것이다!

게다가 그들은 전투에서 죽음을 무릅쓰고 싸운 병사들에게 개인적이고 부당한 이유를 핑계로 벌금을 물렸다. 이를테면 그리스인이란 이유로 벌금을 낸 병사도 있었다. 그리스인은 용감하지 않기 때문이라는 것이 그 이유였다. 어떤 병사는 황제가 서명한 합법적인 서류가 없다는 이유로 급여 지급을 거부당했다. 물론 그 병사는 서류를 갖고 있었지만, 급여 담당자는 그것이 위조라고 주장했다. 잠시 주둔지를 벗어났다는 이유로 벌금을 무는 경우는 흔했다.

궁정 근위대가 전 로마제국을 돌아다니며 복무 부적합자들을 조사하기도 했다. 그들은 병사 중 일부를 노령이나 무능함을 이유로 강제 전역시켰는데, 그 때문에 이 병사들은 남은 생애 동안 사람들이 오가는 광장에서 눈물로 통행인들의 동정을 구하며 한 끼를 위한 동전을 구걸하며 살아야 했다.

그 사실을 잘 알고 있는 병사들은 조사 담당자들에게 간직한 돈을 모두 뇌물로 바쳤다. 그 결과 병사들은 빈곤층으로 전락했고, 직업에 대한 자부심이 사라졌으며, 전투에 대한 열의도 같이 사라져버렸다.

이는 로마인들과 이탈리아에 주둔한 부대에 치명적인 결과를 가져왔다. 그러자 이탈리아에 파견된 급여 담당자 알렉산더(Alexander)는 감히 병사들에게 사기가 낮다고 비난했다. 게다가 그는 이탈리아인들이 테오도리크와 고트족과 내통했다는 이유로 더 많은 돈을 뜯어냈다.

가난과 절망에 빠진 이들은 일반 병사들뿐만이 아니었다. 장군들을 모시는 장교들조차도 예전에는 높은 대접을 받았지만 이제 기아의 위기에 놓인 것이다. 그들에게는 심지어 장교로서 품위를 유지하기 위해 필요한 일상적인 보급품을 살 돈조차 남아 있지 않았다.

병사들에 대해서 조금 더 이야기하겠다. 역대로 로마 황제들은 제국의 모든 변경을 수호하기 위해 대군을 정주시켰는데, 특히 동방은 페르시아인과 사라센을 막는 데 주력했다. 그러나 유스티니아누스는 처음부터 이 변경 부대들을 부당하게 대우해서 5~6년씩 급여가 밀려 있었다.

그런데 로마와 페르시아 사이에 평화 합의가 이루어지자, 병사들은 이 평화의 혜택을 누리기는커녕 강제로 공공 기금에 돈을 기부한 다음 집단적으로 전역당했다. 그리하여 로마제국의 변경들은 무방비 상태로 변했고, 병사들은 갑자기 자선에 호소하게 되었다.

궁정 근위대는 '장학생'이란 별명으로 불렸다. 약 3,500명 정도로 구성된 그들은 공공 기금에서 조성된 돈으로 다른 부대의 병사들보다 많은 급여를 받았기 때문이다. 원래 이 부대는 특정 지방에 특권을 주는 형식으로 아르메니아인으로만 충원되었는데, 제논 황제 이후 아무리 가난하고 약한 자도 제한 없이 받아들였다.

그런데 유스티누스가 황제가 되자 유스티니아누스는 뒷돈을 받고 근위대 자리를 팔아먹었다. 그러다 더 이상 결원이 나오지 않자, 그는 '보충병'이란 이름으로 2,000명의 자리를 증원하여 그 자리도 팔아먹었다. 하지만 유스티니아누스 본인이 황제가 되자 이들 2,000명을 즉시 해고했다. 물론 돈은 돌려주지 않았다.

하지만 이 '장학생' 부대가 겪은 부조리는 여기에서 끝나지 않았다. 로마군이 리비아, 이탈리아, 페르시아 등으로 출정할 때마다 유스티니아누스는 그들에게도 정규군처럼 출병 준비를 하라고 명령했다. 물론 그는 '장학생'들이 절대 정규군처럼 싸울 수 없다는 사실을 알고 있었다. 그래서 진짜 전투에 투입될 것을 걱정한 '장학생'들은 전쟁 기간 동안 급여를 반납하는 조건으로 출병을 면했다. 이 같은 일들이 자주 있었다.

페테르 역시 수석 행정관으로 있는 동안 이런저런 명목으로 그들의 급여를 공제했다. 그는 겉보기에는 상냥하고 친절했지만 실제로는 야비하기 짝이 없는, 세계에서 가장 탐욕스러운 도둑이었다. 그는 앞서 언급한 테오도리크의 딸 아말라손타의 죽음에도 책임이 있는 인물이다.

궁정 근위대에는 더 높은 직위를 지닌 장교들도 있었다. 황제에게 돈을 내고 자리를 산 그들은 '예비 장교' 혹은 '수호 장교'라고 불렸는데, 일부는 콘스탄티노플에서, 또 다른 이들은 갈라티아 등 다른 지방에서 근무하고 있었다. 그들 역시 실제 전투에는 투입되지 않았는데, 그들은 형식적으로만 궁정 근위대에 속해 있었기 때문이다. 유스티니아누스는 이들에게도 비슷한 협박을 해서 급여를 반납하게 했다.

마지막으로 로마에는 매 5년마다 황제가 모든 병사들에게 보너스로 금화 다섯 닢을 하사하는 전통이 있었다. 그래서 매 5년마다 이 임무를 맡은 관리가 로마제국 전역을 돌면서 각각의 병사들에게 직접 다섯 닢의 금화를 주었다. 이 전통을 깬다는 건 상상도 할 수 없는 일이었다.

그러나 유스티니아누스가 권좌에 오른 후 그는 한 번도 이 전통을 지키지 않았다. 그는 32년 동안이나 집권했지만 병사들에게 금화 한 푼도 줄 생각을 하지 않았고, 결국 이 전통은 사람들의 기억 속에서 사라지고 말았다.

25

황제가 관리들의 재산을 강탈한 방법

이제부터 유스티니아누스가 자신의 신하들을 약탈한 방법에 대해 좀 더 서술하겠다.

콘스탄티노플에서 황제나 집정관을 모시는 자들은 근위대건, 비서 건 할 것 없이 처음에는 관리 명단의 제일 끝에 이름이 적혀 있었다. 시간이 흐르면서 그들의 상급자가 죽거나 은퇴하면서 그들이 그 자리를 대체했고, 그러면서 계급이 하나씩 올라갔다. 그리하여 결국 가장 높은 계급에 이르면 오랫동안 확립된 규칙에 따라 1년에 100센테나리우스 이상의 금화를 급여로 수령할 수 있었다.

그들은 이 돈으로 고령에 따른 품위와 경쟁력을 유지하고, 그간의 빚을 청산하기도 했다. 참고로 많은 관리들이 국가의 업무를 처리하면서 때때로 국고에서 타내기 어려운 비용을 개인적으로 처리했기 때문에, 빚을 지는 경우가 많았다.

그런데 황제는 고위 공직자들의 급여를 거의 전부 삭감해버렸기 때문에 이들뿐 아니라 많은 사람들이 큰 피해를 입었다. 공직자 본인들이 가난해졌음은 물론이고, 그 가난은 이들의 급여로 혜택을 보던 많은 사람들에게까지 단번에 퍼져갔다.

32년 동안 이렇게 사라진 돈의 액수를 계산해보면 그들의 피해가 얼마 정도였는지 알 수 있을 것이다. 이 전제군주는 자신의 군대에 대해서도 똑같은 방법을 썼다.

상인과 선원, 기능공, 자영업자들 역시 황제로 인해 피해를 입었고, 그들을 통해 모든 사람들이 피해를 나누어 가졌다.

콘스탄티노플에는 두 개의 해협이 있는데, 그중 하나는 세스토스와 아비두스 사이의 헬레스폰투스(Hellespont) 해협[72]이고 다른 하나는 성모 교회가 서 있는 에욱시네(Euxine) 해의 입구[73]에 있는 해협이다.

헬레스폰투스 해협에는 세관이 없었다. 다만 황제가 파견한 장교가 아비두스에 정주하면서 황제의 명령서 없이 무기를 실은 배가 콘스탄티노플로 들어오지 못하도록 감시하고, 또한 콘스탄티노플로부터 적법한 서류 없이 외해(外海)로 나가는 배를 막는 임무를 수행했다. 왜냐하면 수석 행정관실의 허락 없이는 어떤 배도 콘스탄티노플을 떠날 수 없도

---

72 현재의 다르다넬스 해협.
73 에욱시네 해는 흑해를, 그 입구는 콘스탄티노플에 면한 보스포루스 해협을 말한다.

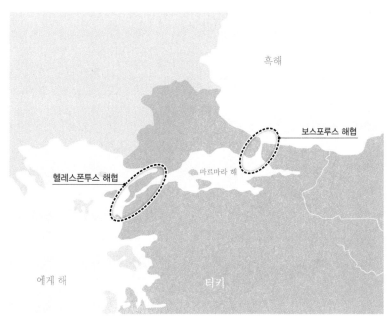

보스포루스 해협과 헬레스폰투스(현재의 다르다넬스) 해협 위치

록 되어 있었기 때문이다. 하지만 선주가 치러야 하는 비용은 매우 적어서 거의 부담이라고도 할 수 없었다.

다른 해협에 근무하고 있는 장교의 임무도 완전히 똑같았다. 그는 에욱시네 해 너머에 사는 야만인들에게 수출이 금지되어 있는 물건들이 없는지를 감시했지만, 선원들에게 관세를 징수할 권한은 없었다.

하지만 유스티니아누스는 황제가 되자마자 두 해협에 세관을 설치하고, 두 명의 관리에게 최대한 많은 수출 관세를 뜯어낼 것을 명령했다.

그들은 열성적으로 업무를 수행했고, 모든 품목에 대해 뱃사람들이 해적에게나 뜯길 법한 액수의 금액을 과세했다. 물론 이는 두 해협 모두에서 일어난 일이다.

콘스탄티노플에서도 비슷한 일이 벌어졌다. 황제는 측근 중 하나인 아데우스란 이름의 시리아인을 항만 관리자로 임명하고 정박하는 배마다 관세를 뜯어냈다. 그는 콘스탄티노플에 들어온 배가 떠날 때는 선주가 출항 수수료를 내든지, 아니면 이탈리아나 리비아로 보내는 화물을 강제로 떠안게 했다. 선주들 중에는 그런 비싼 비용을 치르느니 두 가지 모두를 거부하고 자신의 배를 불태워버리는 게 낫다고 생각하고, 실제로 그런 방법으로 의무로부터 달아난 이도 있었다.

하지만 대부분의 사람들은 살기 위해서는 계속 항해를 해야 했으므로 비싼 출항 수수료를 내는 대신 도착지의 상인들에게 상품을 비싼 가격으로 판매하여 손해를 상쇄했고, 그 때문에 상인들 역시 개별 구매자들에게 비싼 가격으로 물건을 팔아 결국 로마인들 전체가 손해를 나누어 가지고 굶주림에 시달리게 되었다.

이는 로마제국 전역에서 일어난 일이다.

황제가 화폐 주조에 개입한 일에 대해서도 말하지 않을 수 없다. 예전에는 환전소에서 관행적으로 1스타테르 금화 당 210오볼[74]을 내주었는데, 유스티니아누스와 테오도라는 1스타테르 당 180오볼 만을 지급

하라고 명령했다. 물론 이로 인해 남는 1스타테르 당 1/6 스타테르의 금화는 황제의 몫이 되었다.[75]

그는 모든 종류의 상품에 독점을 허가했는데, 오직 의류만은 건드리지 않고 있었다. 하지만 이것도 오래 가지 않아서 결국 그들은 다음과 같은 책략을 고안했다.

페니키아(Phoenicia)의 베리투스(Berytus)와 티레에서는 오래전부터 비단 망토를 만들어왔다. 이 사업은 아주 옛날에 시작되었기 때문에 여기에 사는 상인, 기능공, 노동자들은 모두 비단 망토 사업에 종사했고, 이 도시들부터 비단 망토가 전 세계로 퍼져나갔다.

그런데 유스티니아누스 시절 콘스탄티노플과 여타 도시들에서 비단을 판매하던 상인들이, 페르시아인들이 먼저 가격을 올린데다가 수입 관세마저 많이 올랐다는 이유로 비단의 가격을 대폭 인상했다.

이 소식을 들은 황제는 격노하는 척하면서, 비단옷을 파운드 당 금화 8닢 이상에 팔 수 없도록 하는 칙령을 발표했다. 그리고 이 칙령을 거스르는 자는 재산을 몰수하는 형에 처하기로 했다. 사람들은 이런 조치가 불가능하고 무의미하다고 생각했다. 왜냐하면 높은 가격으로 비단을 수입한 상인들이 그보다 낮은 가격에 소비자들에게 판매한다는 것은 현

---

74 구리 동전의 단위.
75 프로코피우스가 기술한 대로라면 1/7이 맞는데, 그가 계산상의 착각을 한 듯하다.

실적으로 실행 불가능하기 때문이다.

결과적으로 상인들은 아예 비단의 거래 자체를 포기하고, 사적인 연(緣)을 활용하여 재고를 떨궈내기 시작했다. 고급품에 대한 수요는 여전히 남아 있었고, 로마의 저명인사들에게 비단은 인기 상품이었다.

하지만 로마의 곳곳에 밀정을 박아둔 황후는 어떤 일이 벌어지는지 속속들이 알고 있었다. 그녀는 즉시 관련자들의 상품을 압수하고 그들에게 1센테나리우스씩 벌금을 부과했다. 그리고 이제 궁정 재무관이 이 모든 거래를 책임지게 했다. 바로 그 이름도 유명한 페테르 바르시아메스가 그 책임자였다.

전권을 쥔 그는 모든 사람들에게 법률의 자구 하나하나에 충실히 따르라고 명령한 후, 모든 비단옷 제작자들로 하여금 자신만을 위해 일하게 했다. 이 사실은 비밀도 아니었다. 그는 포룸에서 염색한 비단을 온스 당 금화 6닢에 판매했고, 홀로베레(Holovere)로 알려진 황실용 염색 방식을 사용한 비단은 24닢 이상의 가격을 매겼다.

그는 이런 식으로 황제에게 돈을 벌어주었고, 자신도 은밀하게 상당액을 축재했다. 그가 시작한 관행은 아직도 이어져서, 현재 재무관이 유일한 비단 거래인이자 이 사업의 관리자가 되어 있다.

콘스탄티노플과 여타 도시들에서 바다와 육지를 통해 비단을 거래하던 상인들은 당연히 심각한 피해를 입었다. 앞서 언급했던 도시들의 인구 전체가 갑자기 거지가 되었다. 기능공들과 기술자들은 기아와 싸워야 했고, 결과적으로 많은 이들이 이 나라를 떠나 페르시아로 향했다.

오직 페테르 재무관만이 이 사업을 진행해서, 여기서 나는 이문을 먼저 황제에게 바치고 자신도 상당액을 챙겼다. 하지만 그들의 치부(致富)는 신민들이 겪은 엄청난 재앙을 기반으로 한 것이었다.

26

도시의 미관을 망치고
가난한 자들을 쥐어짜다

황제가 어떻게 콘스탄티노플과 여타 도시들의 아름다움을 파괴했는지 지금부터 살펴보자.

먼저 그는 변호사들의 지위를 격하시키기로 결심했다. 이제까지 변호사들은 변론비를 받아 그것으로 편안한 생활을 누리고 사회적 지위를 얻었는데, 황제는 바로 그 변론비를 박탈했다. 게다가 앞서 설명한 대로 그가 콘스탄티노플과 로마제국 전역에서 원로원 의원들과 여타 부자들의 재산을 압수한 뒤로는 변호사에 대한 수요가 거의 없어졌다. 법정까지 가서 다툴 만한 재산 자체가 없었기 때문이다.

그리하여 수많은 유명한 변호사들 중 아주 일부만이 살아남았다. 그들조차도 이제 가난으로 떨어져서 직업상의 아무런 자부심도 느낄 수 없는 처지가 되었다.

게다가 그는 내과 의사와 인문학 교사들의 생활 수단을 빼앗았다. 역대 황제들은 국고에서 이들 직업에 대한 보조금을 지급했는데, 유스티니아누스가 그것을 완전히 끊어버린 것이다. 황제는 각 지방이 공공 사업이나 공공 오락 목적으로 중앙에 기부한 세금들도 모두 자기 마음대로 제국의 국고에 넣어버렸다.

의사나 교사에 대한 배려는 사라졌다. 이제 아무도 공공건물에 신경을 쓰지 않았다. 밤이 되면 도시를 밝히던 등불도 사라졌고, 시민들을 위한 오락도 더 이상 제공되지 않았다. 자기 아내가 나고 자란 곳인 극장과 히포드롬, 서커스도 문을 닫았다. 나중에는 콘스탄티노플에서 벌어지는 공공 행사도 중단시켰는데, 이는 관행적으로 지급하던 국고 지원금을 아끼기 위함이었다. 이 때문에 관련 업종에 종사하던 수많은 사람들이 생계를 위협받았다.

그 결과 마치 하늘에서 대재앙이 엄습한 것처럼 파산과 가난이 대물림되고, 수많은 가정의 행복이 파괴되었다. 사람들은 집이나 광장, 교회에서 모이면 모두들 자신의 고통과 불행에 대해 이야기하곤 했다. 이것이 도시들에서 일어난 일이다.

이것도 이야기할 만한 가치가 있다. 제국에서는 전통에 따라 매년 두 명의 집정관을 임명했는데 한 명은 로마, 다른 한 명은 콘스탄티노플의 집정관이었다. 이러한 명예를 얻은 사람은 누구나 대중들을 위해 20센테나리우스 이상의 금화를 내놓게 되어 있었다. 이중 일부는 집정관 개인 재산이었지만, 대부분은 황제가 지원하는 것이었다. 그들이 낸 돈은 주로 가난한 사람들과 극장에서 일하는 자들을 위해 사용되었는데, 결국 도시의 복지를 위한 것이었다.

하지만 유스티니아누스가 권력을 잡자 이러한 관행은 무너졌다. 해가 바뀌어도 집정관이 바뀌지 않았기 때문이다. 집정관은 수년 동안 자리를 지킨 후, 마침내 사람들이 그에게 참을 수 없는 지겨움을 느낄 때쯤이 되어서야 한 번씩 바뀌곤 했다. 결과적으로 가난한 사람들은 매년 수령하던 지원금이 없어진 셈이 되어서 더욱 심한 고통을 겪어야 했다.

필자가 생각하기에, 이 파괴자가 어떻게 공공의 재화를 집어삼키고, 어떻게 원로원 의원들의 재산을 약탈했으며, 어떤 거짓 혐의를 붙여 부자로 이름난 사람들의 재산을 압수했는지 이제 충분히 설명했다. 그리고 병사들, 중간 계급 장교들, 궁정 근위대, 농부와 토지 소유자들, 말로 먹고사는 사람들, 상인들, 선주들과 선원들, 기능공, 기술자, 시장 상인들, 극장에서 먹고사는 사람들, 그리고 이들에게 영향받는 모든 사람들이 어떻게 피해를 입었는지도 충분히 설명했다.

이제 그가 구호를 필요로 하는 사람들, 즉 극빈자, 거지 그리고 병자를 어떻게 대했는지 알아보자. 참고로 그가 사제들에게 한 짓은 나중에 설명하겠다.

이미 앞에서 말했듯이, 그는 먼저 모든 상점을 장악하고, 모든 생활

필수품에 대해 독점권을 허가해서 정상가의 세 배 이상 가격에 팔 수 있도록 했다. 여기서 여타 셀 수 없는 자세한 항목들은 거론하지 않도록 하겠다. 그랬다가는 이 책을 끝낼 수가 없을 것이기 때문이다.

그는 일용직 노동자나 극빈자, 병자들조차도 매일 사지 않을 수 없는 빵에다가 높은 세금을 물렸다. 그는 이 세금만으로 1년에 3센테나리우스를 요구했는데, 이 때문에 제빵업자들이 빵 안에 조갯가루나 흙을 채워넣기도 했다. 황제는 세금만 제대로 들어오면 제빵업자들이 무슨 짓을 하건 신경 쓰지 않았고, 시장을 담당한 관리들은 이것을 빌미로 더욱 많은 돈을 뜯어내어 부자가 되었다.

하지만 로마는 가장 번영하던 시기에도 가난한 자들이 영양실조와 기아에 시달려야 했다. 다른 도시에서 곡물을 들여오는 것이 허락되지 않았으므로 모두 도시 내에서 빵을 사 먹어야 했기 때문이다.

한번은 지방의 어느 도시 내에서 상당량의 물을 공급하던 수도교(Aqueduct)가 붕괴했다. 하지만 관리들이 이 문제를 무시하고 수도교를 수리하지 않았기 때문에 수도를 이용하는 많은 시민들이 목 타는 고통을 겪었고, 공중목욕탕은 모두 문을 닫았다.

한편 황제는 도심도 아닌 교외에다 건물들을 짓는 데 엄청난 돈을 무의미하게 낭비했다. 마치 역대 황제들이 살았던 궁전이 황제 부부에게는 만족스럽지 않다는 듯이 말이다. 따라서 그가 수도교를 수리하지 않

로마 수도교. 하천이나 도로의 위를 가로지르는 상하수도를 받치기 위하여 만든 다리로, 로마의 도시
들은 높이 건설된 수도교를 통해 생활용수를 공급했다.

은 이유는 돈을 아끼기 위해서가 아니라 신민들을 괴롭히기 위함이었던 것으로 보인다. 역사를 통해 누구도 유스티니아누스처럼 돈을 벌자마자 즉시 써버린 인물은 없었기 때문이다. 극빈자들은 겨우 빵과 물 정도만 구할 수 있었는데, 빵은 가격이 자꾸 올라갔고, 물은 더 이상 공급되지 않았다.

이런 일은 콘스탄티노플뿐 아니라 다른 곳에 사는 극빈자들에게도 똑같이 일어났다. 테오도리크가 이탈리아를 점령했을 때, 그는 궁정 근위대가 로마에 계속 주둔하는 것을 허락하고 급료까지 지급했다. 그 덕분에 고대 수도의 흔적이 조금이나마 남을 수 있었다.

그 외에도 예식병(禮式兵, Silentiarius), 예비병, '장학생' 부대 등 명목상으로만 군인인 자들이 많았다. 그들의 급료는 겨우 생계를 유지할 정도였는데, 테오도리크는 그들이 사망했을 때 자식과 가족이 연금을 받을 수 있도록 조치했다. 그리고 성 베드로 교회 근처에 살던 극빈자들에게 국가의 곡물 창고를 열어 매년 3,000부셸(Bushel)[76]의 곡물을 나누어주었다.

그들은 '가위'라는 별명이 붙은 알렉산더[77]가 이탈리아에 도착하기 전까지는 계속 이런 혜택을 입었다. 알렉산더는 즉시 이들에게서 혜택을 박탈하기로 결정했다. 이 조치를 들은 로마 황제 유스티니아누스는 크게 기뻐하며 알렉산더를 더욱 총애하기 시작했다.

알렉산더는 여기까지 오는 길에 그리스인들을 다음과 같이 다루었다. 테르모필라이의 성채에서는 오래전부터 이웃의 농부들이 번갈아 망을 보면서 야만인들이 펠로폰네소스로 침입하지 않는지 감시하고 있었다. 그런데 알렉산더는 여기에 도착해서 농부들이 펠로폰네소스를 지키는 건 어울리지 않는다고 주장하면서, 대신 성채에 2,000명의 병사들을

---

76 주로 밀의 무게를 나타내는 데에 쓰임.
77 '가위' 알렉산더는 유스티니아누스 황제가 시행한 환전 시 금화 가치의 평가절하와 관계 있는 인물로서, 금화의 일부를 가위로 깎아낸다는 뜻에서 그런 별명이 붙었다.

주둔하게 했다. 그리고 국가 예산이 아니라 그리스 도시들로부터 그 주둔 비용을 거두었다.

그는 도시들이 공공 사업과 공공 오락을 위해 조성한 돈을 병사들의 식량 구매 비용이라는 명목으로 전용했다. 그 결과 아테네를 포함한 모든 그리스 도시들은 공공건물을 더 이상 지을 수 없었고, 여타 공공 예산도 집행할 수 없었다. 물론 유스티니아누스는 '가위'의 행동을 승인했다. 이런 일이 여기서 일어났다.

그리고 알렉산드리아의 극빈자 문제가 있다. 변호사 중에 헤파이스토스라는 자가 있었는데, 그는 알렉산드리아의 지사가 되자마자 폭도들을 위압해서 소요를 진압했다. 하지만 그는 거주민들을 모두 지독한 참상으로 몰아넣었다. 도시의 모든 상품들에 대해 독점을 허용하고, 독점권이 없는 상인들은 어떤 물건도 취급할 수 없게 만들었기 때문이다. 물론 그 자신이 모든 상품의 거래자이자 판매자가 되었다. 그는 절대 권력을 행사하며 자기 마음대로 가격을 정했다.

이 때문에 예전에는 가장 가난한 자들조차도 생계를 유지하는 데는 별 어려움이 없었던 도시 알렉산드리아에 생필품 부족 사태가 발생하여 시민들이 큰 고통을 겪었다. 여러 상품 중에서도 빵 가격의 상승이 그들을 제일 괴롭혔다. 헤파이스토스는 다른 이들이 이집트의 곡물을 한 가마도 못 사게 막은 후 자기 혼자 곡물을 다 사들였다. 그리고는 공급을 조절해 가격을 마음대로 매겼다.

이런 방식으로 그는 사상 최고의 부자가 되었으며, 황제의 탐욕까지 채워주었다. 알렉산드리아의 시민들이 헤파이스토스에 대한 두려움으로 숨죽이며 고통을 참고 있는 동안, 황제는 그 도시에서 끊임없이 들어오는 엄청난 액수의 돈에 감탄하며 지사를 침이 마르도록 칭찬하고 있었다.

이 헤파이스토스란 자는 황제의 총애를 더욱더 얻어내기 위해 또 다른 계략을 꾸며냈다. 디오클레티아누스 황제(Diocletianus, 245경~312경)[78] 시절 국가에서는 알렉산드리아의 극빈자들을 위해 매년 대량의 곡물을 지원했는데, 이때부터 후손들까지 그 혜택이 이어지고 있었다.

하지만 헤파이스토스는 이들에게서 혜택을 박탈하고, 200만 부셸이나 되는 곡물을 황실 곡물 저장소로 보냈다. 그리고 황제에게 이들이 부당하게 구제 곡물을 수령하고 있었기 때문에 이를 바로잡아 국가의 이익을 증대시켰다고 보고했다.

황제는 그의 행동을 칭찬하면서 그 전보다 더욱더 그를 총애했다. 하지만 이 배급에 삶의 희망을 걸고 있던 가난한 알렉산드리아 사람들은 황제의 잔인성에 더욱 치를 떨어야 했다.

---

78 284년부터 305년까지 로마 황제였다. 이른바 4두 정치를 고안하여 네 명의 황제가 두 명씩 정(正)/부(副) 황제가 되어 동방과 서방을 나누어 다스리는 체계를 수립했다. 소위 3세기의 위기에 빠진 로마제국의 혼란을 수습했다는 평가를 받는다.

27

신앙의 수호자가
기독교인들의 이익을 지켰다고?

유스티니아누스의 만행은 헤아릴 수 없이 많아서 그것을 다 적기 위해서는 영원이라는 시간이 필요할 것이다. 몇 가지 사례만으로도 후세인들에게 그의 인물됨을 보여주기에 충분하리라 본다.

세상에 그만한 위선자가 또 있을까? 그는 신과 사제들, 법률, 자신에게 충성했던 사람들을 모두 배신했다. 하지만 그는 국가의 파괴에도, 자신의 잘못에도 전혀 부끄러운 줄을 몰랐다. 그는 절대 자신의 행위에 대해 변명하는 법이 없었다. 그가 오직 신경 쓴 것은 '어떻게 하면 전 세계의 부(富)를 혼자 차지하는가?' 하는 문제였을 뿐이다.

그는 알렉산드리아의 주교로 파울(Paul)이라는 인물을 임명했다. 이때 알렉산드리아의 지사는 로돈(Rhodon)이라는 이름의 페니키아인이었는데, 황제는 그에게 온 힘을 다해 파울을 돕고, 그의 요구는 무엇이든 들어주라는 명령을 내렸다. 황제는 이로써 알렉산드리아의 모든 사제들을 칼케돈(Chalcedon)[79]의 지휘 아래 둘 수 있다고 생각했다.

그런데 황후 테오도라와 가장 가까운 측근 중에 팔레스타인 출신의 아르세니우스(Arsenius)라는 자가 있었다. 비열하기 짝이 없는 작자였던 그는 황후의 지원으로 원로원 의원의 자리까지 올라가서 거대한 권력과 부를 획득했다. 그는 사마리아 사람이었지만 공직과 권력을 잃지 않기 위해 형식적으로 기독교인이 되었다.

하지만 스키토폴리스(Scythopolis)[80]에 사는 그의 부친과 형제는 조상 전래의 신앙을 지키면서도, 그를 등에 업고 기독교인들을 못 견디도록 박해했다. 그로 인해 시민들이 들고 일어나 이 두 사람에게 치욕스러운 죽음을 선사했다. 이 때문에 후일 팔레스타인 사람들이 많은 문제를 일으켰다.

하지만 유스티니아누스도, 황후도 아르세니우스가 모든 문제에 주요한 책임이 있다는 사실을 알고 있었음에도 당시에는 그를 처벌할 생각을 하지 않았다. 그들은 다만 기독교인들의 항의를 감안해서 아르세니우스가 궁정에 출입하는 것만 금했을 뿐이다.

---

79 칼케돈은 콘스탄티노플과 보스포루스 해협을 마주 보는 해안 도시이다. 하지만 이때 칼케돈은 기원후 451년 칼케돈 공의회에서 성립된 정통 교리를 의미한다고 보아야 한다. 즉, 신성과 인성이 그리스도 안에서 합치된다는 '칼케돈의 정의(Definition of Chalcedon)'(451)가 바로 그것이다.

80 소아시아의 고대 도시. 현재 이스라엘 북부 지방에 속함.

러시아의 화가 바실리 수리코프가 그린 〈제4차 칼케돈 공의회〉 (1876년)

　이 아르세니우스가 얼마 후 황제의 총애를 얻기 위해 파울과 함께
알렉산드리아로 떠났다. 그는 파울의 대소사를 대신 처리해주고, 그가
알렉산드리아 사람들의 호의를 얻는 걸 도와줄 생각이었다. 궁정 출입
이 금지된 동안 그는 기독교 교리를 모두 암송했다고 장담했는데, 테오
도라는 당시 종교 문제로 황제와 다투고 있는 척하고 있었기 때문에 아
르세니우스에 대해 불쾌감을 표시했다고 한다.
　그들이 알렉산드리아에 도착하자마자 파울은 프소에스라는 이름의 부제(副祭)[81]를 로돈에게 넘겨 사형에 처하라고 주문했다. 그가 황제의 명령 집행을 방해했다는 이유 때문이었다. 당시 황제로부터 명령서가 수시로 도착했는데, 로돈은 그에 따라 그 자를 고문했고, 마침내 그를 죽이고 말았다.

그런데 황제에게 이 소식이 도착하자 곁에 있던 황후가 화를 냈고, 이를 본 황제는 마치 자기가 그들에게 직접 내린 명령은 깡그리 잊어버린 듯 파울과 로돈, 아르세니우스 등이 저지른 짓에 대해 분노를 표시했다. 그는 새로운 알렉산드리아 지사로 로마 귀족 리베리우스를 임명하고, 몇몇 평판이 좋은 사제들과 함께 알렉산드리아로 가서 그 문제를 조사하도록 명령했다. 이중에는 교황 비길리우스(Vigilius)가 특사로 보낸 로마의 부주교 펠라기우스(Pelagius)가 포함되어 있었다.

살인죄가 확정된 파울은 주교직에서 물러났고, 콘스탄티노플로 달아난 로돈은 황제가 직접 보낸, 파울의 명령에 절대 거역하지 말고 따를 것을 명하는 13통의 편지를 제시했음에도 불구하고, 황제의 명령 하에 참수당하고 재산도 압류당했다.

리베리우스는 테오도라의 명령에 따라 아르세니우스를 십자가형에 처했고, 황제는 그의 재산을 압류했다. 그런데 자세히 살펴보면, 사실 아르세니우스의 잘못은 파울과 친하게 지냈다는 것뿐이었다.

---

81 그리스정교에서 사제의 아래 계급.

하여튼 잘잘못을 가리는 것은 여기까지 하고, 이제부터 그 이후의 이야기를 좀 더 해야 한다.

얼마간의 시간이 흐른 후, 파울은 다시 콘스탄티노플로 돌아가서 황제에게 7센테나리우스를 바치고 자신이 예전에 불법적으로 박탈당한 직위를 회복할 수 있기를 바란다고 부탁했다. 그러자 유스티니아누스는 크게 기뻐하며 그 돈을 받고 그를 후하게 접대하면서 곧 복직시켜줄 것을 약속했다. 황제는 마치 자기 자신이 파울의 일자리를 빼앗고, 그의 친구들을 사형에 처하고, 재산을 압류했다는 사실을 까맣게 잊은 듯 보였다.

황제가 이 문제를 처리하기 위해 고심하고 있는 사이, 사람들은 파울이 어떻게든 다시 주교의 자리를 차지할 것으로 생각했다. 하지만 당시 콘스탄티노플에 와 있던 교황 비길리우스는 이 문제에 관한 한 황제에게 양보할 수 없다고 생각했다. 그는 자신의 특사 펠라기우스가 내린 결정을 번복할 수 없다고 말했다. 그러나 오직 돈에 정신이 팔려 있던 황제는 교황의 의견을 간단히 무시했다.

비슷한 경우가 하나 더 있다. 오래된 사마리아인 가문의 일원이자 팔레스타인 출신인 파우스티누스란 자가 있었는데, 그 역시 법을 거역하지 않기 위해 형식적인 기독교인이 되었다. 파우스티누스는 원로원 의원이 되고, 마침내 자신이 자란 지방의 지사가 되었다.

그가 임기를 마치고 콘스탄티노플로 돌아오자, 일부 사제들이 그가 팔레스타인에서 사마리아 사람들을 편애하고 기독교인들을 박해했다고 비난했다. 유스티니아누스는 매우 화를 내면서 자신이 로마를 지배하는 동안은 누구도 그리스도의 이름을 모욕할 수 없다고 소리쳤다.

이윽고 황제의 명에 따라 원로원이 조사한 끝에 파우스티누스를 추방형에 처하기로 했다. 하지만 황제는 파우스티누스로부터 돈을 받은 후 즉시 그 형을 면제해주었다. 파우스티누스가 예전의 사회적 직위와 황제와의 우정을 회복한 건 물론이다. 이번에는 팔레스타인과 페니키아를 담당하는 코메스라는 직함을 얻은 그는 그곳에서 무소불위의 권력을 행사하며 기독교인들을 박해할 수 있었다.

유스티니아누스가 기독교인들의 이익을 보호했다는 이야기는 이런 사례들로 볼 때 명백한 거짓임을 알 수 있다. 이 같은 사례들은 이외에도 무수히 많다.

28

황제가 로마법을 어긴 일과
유대인들이 양고기를 먹고 벌금을 낸 사연

그는 돈이 문제가 될 경우 법률도 쉽게 폐기했다. 에메사(Emesa)[82]에 프리스쿠스(Priscus)라는 이름의 사내가 살았는데, 그는 서명을 위조하는 게 특기였다. 그런데 유스티니아누스의 재위 동안 에메사의 교회가 오래전 마미아누스라는 이름의 저명하고 부유한 귀족의 재산을 상속받은 적이 있었다.

그때 프리스쿠스는 자신의 재주로 남들의 재산을 강탈하기 위해 이 도시에 사는 모든 가문들을 조사하고 있었는데, 마침내 어느 부자의 선친이 쓴 편지를 하나 발견했다. 프리스쿠스는 그 편지의 필체를 위조하여 그 선친이 마미아누스의 소유인 엄청난 돈을 맡아두고 있다는 내용의 각서를 만들어냈다. 각서에 언급된 액수는 무려 100센테나리우스가

---

82 고대 소아시아의 도시. 현재 시리아의 홈스에 위치.

넘었다.

그는 또한 예전에 포럼에 사무실이 있었던 저명한 관리의 필체를 매우 정교하게 위조했는데, 그 관리는 생시에 정직하고 유덕하기로 명성이 높은 인물로서 시민들의 서류를 대신 작성해주고 자신의 직인을 찍어주곤 했다. 프리스쿠스는 에메사 교회 업무를 담당하는 이에게 이 서류를 보여주면서 협조를 요청했다. 물론 서류에 적힌 돈을 받을 경우 본인과 교회가 돈을 나누어가지는 조건이었다.

그런데 딱 한 가지 문제가 있었다. 법률상 채권의 소멸 시효가 30년이었는데, 프리스쿠스가 만든 서류는 40년 전에 작성된 것으로 되어 있었기 때문이다. 그래서 그들은 또 다른 계획을 세웠다. 그들은 콘스탄티노플로 달려가 황제에게 일이 성공할 경우에 막대한 금액의 돈을 바치겠노라고 맹세하고, 그를 무고한 시민을 파멸시키는 일에 끌어들였다.

황제는 조금도 망설이지 않고 기존 법률에 명기된 채권의 소멸 시효는 교회에는 적용되지 않으며, 교회의 경우에는 그 시효를 100년으로 한다는 내용의 법률을 공포했다. 그래서 현재 에메사뿐 아니라 로마제국 전역에서 이 법이 적용되고 있는 것이다.

황제는 자신의 포고령을 실현하기 위해 롱기누스(Longinus)란 이름의 사내를 에메사로 보냈다. 그는 무척 힘이 세고 행동력이 강한 인물로 후일 콘스탄티노플의 집정관을 지낸다. 에메사 교회의 사무를 맡은 이들은 그 즉시 위조 서류에 언급된 조상을 가진 시민들에게 2센테나리우스의 돈을 반환하라는 소송을 걸었다.

이 불행한 이들은 너무 오래된 일이고, 사실 관계를 증명할 도리가 없었으므로 꼼짝 없이 당할 수밖에 없었다. 그런데 에메사 시민들은 이 사실을 알고 크게 슬퍼하며 고발자들을 증오하기 시작했다. 에메사에서 가장 명망 있는 사람들이 가장 부당한 대우를 받았기 때문이었다.

이 같은 악행이 에메사 시민들을 하나씩 파멸시키고 있을 때, 신의 섭리가 다음과 같은 방식으로 개입했다.

롱기누스가 이 계략을 창안한 프리스쿠스에게 사건과 관련된 모든 서류를 가져오라고 명령했는데, 프리스쿠스가 이를 거부했다. 그러자 롱기누스는 온 힘을 다해 프리스쿠스를 때려버렸고, 맞은 이는 강한 일격이 준 충격을 이기지 못하고 두려움에 떨기 시작했다. 프리스쿠스는 필시 롱기누스가 자신의 계략을 모두 알아냈다고 생각하고 소송을 거는 일을 중단했다.

황제는 법률을 이용해 로마인들을 파멸시키는 것만으로는 부족하다고 생각했는지, 유대인들의 전통을 파괴하는 데 정신을 쏟기도 했다.

유대인들의 달력으로는 매번 유월절이 기독교의 부활절 앞에 왔는데, 황제가 유대인들이 이날을 경축하는 것을 금지해버렸기 때문에 희생물을 바치거나 하는 전통적인 행사를 할 수 없게 되었다. 심지어 집정관들은 일부 유대인들이 이 기간 동안 양고기를 먹었다는 이유로 무거운 벌금을 매기기도 했다. 그들이 마치 국법을 위반했다는 듯 말이다.

이 외에도 유스티니아누스의 만행은 셀 수가 없지만, 모든 사례를 다 적지는 않겠다. 이 책도 끝이 가깝기 때문이다. 어쨌든 이제까지 이야기한 것만으로도 이 자의 본성을 보여주는 데는 부족함이 없다고 본다.

29

황제가 거짓말쟁이이자 위선자임을
보여주는 다른 사건들

이제부터 나는 황제가 얼마나 거짓말쟁이이자 위선자였는지 보여주 겠다. 앞서 언급한 바 있는 리베리우스란 자를 기억하실 것이다. 황제는 그를 경질하고 그 자리에 이집트인인 요하네스 락사리온(John Laxarion) 을 앉혔다.

그런데 리베리우스의 친구인 펠라기우스가 이 소식을 듣고 황제에게 찾아와 락사리온의 임명이 사실이냐고 물었다. 그러자 황제는 즉시 그 사실을 부인하고 자신은 전혀 모르는 일이라고 장담했다. 그는 심지어 리베리우스에게 누가 요청하더라도 절대 자리를 양보하지 말고 지키고 있으라는 내용을 편지로 써서 펠라기우스로 하여금 전하게 했다. 마치 자신은 전혀 리베리우스를 경질할 생각이 없었던 것처럼 말이다.

그런데 락사리온은 콘스탄티노플에 에우데몬이라는 이름의 삼촌이 있었는데, 그는 굉장한 부자에다 집정관의 계급에 해당하는 공직인 황실 자산 관리 담당 코메스라는 직함을 맡고 있었다. 이 에우데몬이 소문을 듣고 역시 황제에게 찾아가서 자기 조카가 자리를 얻는지에 대해 물었다. 그러자 유스티니아누스는 리베리우스에서 써준 편지와는 반대로 락사리온에게 그 자리를 차지하라는 편지를 써서 삼촌에게 들려 보냈다.

그래서 락사리온은 리베리우스를 찾아가, 자신이 공식적으로 그 자리에 임명되었으니 당장 사무실을 떠나라고 명령했다. 하지만 리베리우스는 물론 똑같은 확신을 가지고 황제가 써준 편지를 보여주면서 락사리온의 명령을 거부했다. 그러자 락사리온은 무장 경호대를 데리고 와서 리베리우스를 위협했고, 리베리우스 역시 자신의 경호대를 데리고 그에 대항했다. 결국 싸움이 벌어져서 많은 사람이 죽었다. 게다가 그 와중에 새로운 지사 락사리온도 죽고 말았다.

조카의 죽음에 분노한 에우데몬이 리베리우스를 고발했고, 그는 콘스탄티노플로 소환되었다. 사건을 조사한 원로원은 리베리우스가 정당방위를 행사했다고 판단하고 그를 무죄 방면했다. 하지만 황제는 리베리우스가 별도로 벌금을 내고 풀려나도록 했다. 이 사건은 황제가 얼마나 진실을 사랑하고 약속을 잘 지키는지 보여주는 대표적 사례 중 하나이다.[83]

---

83 당연한 말이지만, 저자는 비꼬고 있음.

이 이야기에는 색다른 속편이 있다. 얼마 후 에우데몬이 사망했는데, 그에게는 많은 친척들이 있었지만 유언장을 남기지 않았다. 그리고 거의 동시에 궁정의 수석 환관인 에우프라테스가 역시 유명을 달리했는데, 그 역시 조카가 한 명 있었지만 자신의 상당한 재산을 누구에게 주겠다는 뜻을 밝히는 유언장은 남기지 않았다.

황제는 마음대로 두 사람의 재산을 모두 상속받고, 그들의 합법적인 상속자들에게는 한 푼도 주지 않았다. 이것이 황제가 법과 친구들의 친척을 대한 태도이다. 그는 얼마 전에 죽은 이레네우스의 재산도 가로챘는데, 역시 아무런 법적인 근거는 없었다.

또 하나 빠뜨릴 수 없는 이야기가 있다. 아스칼론(Ascalon)[84] 원로원에 아나톨리우스(Anatolius)라는 저명한 이가 있었는데, 그의 딸은 카이사레아의 이름 높은 가문 출신의 마밀리아누스라는 사람과 결혼했다. 그녀는 아나톨리우스의 외동딸이자 합법적 상속자였다.

그런데 고래로부터 내려오는 법률에 따르면, 어느 지방 원로원이든지 의원이 남성 상속자를 남기지 않고 세상을 떠나면 그의 재산 중 1/4은 해당 지방의 원로원에 바치고, 나머지를 상속자들이 나누어 가지게 되어 있었다. 여기서 이 독재자는 자신의 진면모를 보여주었다.

그는 새로운 법을 만들어서 원로원 의원이 남성 상속자를 남기지 않

---

84 소아시아의 고대 도시 중 하나. 현재 이스라엘에 속함.

고 세상을 떠날 때 그의 상속자들이 1/4을, 그 나머지는 국고와 해당 지역 원로원에 귀속되도록 한 것이다. 이렇게 원로원 의원이 남긴 재산을 국가의 재무 부서나 황제가 나누어 가진 적은 역사에 한 번도 없었다.

이 법이 발효된 후 아나톨리우스는 생애의 마지막 날을 맞이했다. 그가 마침내 사망하자 그의 딸은 상속받은 재산을 제국의 재무 부서와 지역 원로원과 나눌 준비를 하고 있었다. 그런데 곧이어 황실과 지역 원로원 양쪽에서 편지가 도착했다. 그 편지에는 황제와 지역 원로원 모두 이미 해당 유산을 확보했으므로 더 이상의 추징은 없다는 내용이 들어 있었다.

이후 아나톨리우스의 사위인 마밀리아누스도 사망했다. 부부에게는 딸이 하나 있었는데, 그녀는 지체 높은 남자와 결혼했지만 자식을 낳기 전에, 그리고 어머니가 살아 있는 동안에 먼저 사망하고 말았다. 그러자 유스티니아누스는 이제 할머니가 된 아나톨리우스의 딸이 부친과 남편의 재산 모두를 상속받아 부자가 되는 것은 신의 뜻에 어긋난다는 이상한 논리를 내세우면서 지체 없이 아나톨리우스의 재산을 압류했다. 대신 그녀가 거지가 되지 않도록 매일 그녀에게 스타테르 금화 한 닢씩을 죽을 때까지 하사하라고 명령했다.

유스티니아누스는 그녀의 재산을 빼앗은 바로 그 칙령에, "이것이 주님의 뜻에 가장 합치하는 일이기 때문에" 그녀에게 스타테르 금화를 하사한다는 내용을 명기했다.

이만하면 더 이상 비슷한 일화들을 언급하지 않아도 충분하리라 본다. 그리고 정말이지 누구도 유스티니아누스가 한 짓을 모두 기억해내지는 못할 것이다.

그는 돈이 걸린 일이라면 자신에게 충성했던 청색파들도 전혀 챙기지 않았다. 앞서 언급했던 조정관 레온의 사위로 말타네스(Malthanes)라는 이름의 킬리키아 사람이 있었다. 황제는 킬리키아의 질서 회복을 위해 이 말타네스를 파견했다. 그는 황제의 비호 하에 동료 시민들에게 참을 수 없는 고통을 초래하고, 그들의 재산을 빼앗아 황제에게 일부를 보내고 나머지를 착복하여 부자가 되었다.

어떤 이들은 그의 횡포를 참고만 있었지만, 청색파에 속했던 타르수스 주민들은 황후의 비호를 믿고 포럼에 모여서 그 자리에 없던 말타네스를 규탄했다. 말타네스는 이 사건에 대해 듣고선 휘하 병사들을 소집해 한밤중에 타르수스에 도착한다. 그는 병사들에게 시민들의 집을 습격하여 거주자들을 살해하라고 명령했다. 청색파들은 이를 적의 습격이라고 생각하고 방어에 나섰다. 깜깜한 밤중에 서로 싸우는 가운데 원로원 의원 다미아누스(Damian)가 화살에 맞아 숨졌다.

그런데 다미아누스는 지역 청색파의 우두머리였다. 이 소식이 콘스탄티노플에 전해지자 분노한 청색파들이 전 도시를 휩쓸고 다니며 황제에게 거세게 항의했다. 그리고는 레온과 말타네스에 대한 복수를 다짐했다. 황제는 자신도 이 사건에 대해 분노한 척하면서 당장 수사를 시작할 것과 말타네스에 대한 처벌을 명령했다. 하지만 레온은 황제에게 막대한 금액의 돈을 바쳤기 때문에 그에 대한 조사는 당장 중단시켰다.

이 사건에 대한 처리가 끝나지 않은 가운데, 황제는 콘스탄티노플에서 말타네스를 맞이해 환대했다. 그가 궁정을 떠나려 할 때 바로 그곳에서 기다리고 있던 청색파들이 말타네스를 공격했는데, 레온이 미리 매수해둔 동료들이 말리지만 않았다면 그들은 바로 그 자리에서 말타네스를 살해하고 말았을 것이다.

황제가 뇌물을 받은 후 자신이 명령한 수사의 진행을 막고, 정파 패거리들이 궁정에서 황제가 지켜보는 가운데 자신들의 명령권자 중 하나를 폭력으로 살해하려고 하는 이 나라를 어찌 비참하다고 말하지 않을 수 있겠는가?

하지만 황제는 말타네스에게도, 그를 공격한 이들에게도 아무런 처벌을 내리지 않았다. 이 사실 하나만으로도 독자 여러분은 유스티니아누스라는 자의 인물됨을 짐작할 수 있으리라.

30

유스티니아누스와 테오도라가 만든
새로운 관습들, 그리고 결론

황제가 전령과 첩자들에게 한 짓을 보면, 그가 국가의 이해관계에 대해 얼마나 신경 쓰고 있었는지 알 수 있다.

선대의 황제들은 각 지방에 적들이 침공했을 때나 지방에서 폭동이나 기타 예상치 못한 문제가 발생했을 때 그 소식을 가장 빨리 전해 듣고, 로마제국 모든 곳의 지사들과 시민들의 안위를 보고받으며, 매년 정해진 세금이 지체 없이 안전하게 도착하도록 제국의 모든 곳에 공공 운송 체계를 다음과 같이 수립해놓았다.

이 체계는 건장한 남성이 하루에 이동할 수 있는 거리를, 역참을 기준으로 최소 5개, 최대 8개로 잡았다. 매 역참마다 40마리의 말이 있고, 그 숫자에 맞추어 마부들이 관리하고 있었다. 그래서 운송인들은 빠른 말을 갈아타면서 보통이라면 열흘 걸릴 거리를 하루 만에 달려서 소식을 전하곤 했다.

역참이 있는 부근에 사는 토지 소유자들은 매년 수확 때 남는 곡물을 말과 마부용으로 팔아서 짭짤한 소득을 올렸다. 물론 국가는 이에 따라 토지 소유자들로부터 세금을 수령했고, 그 세금을 다시 곡물 구매용으로 사용했다. 따라서 이 체계는 국가의 모든 사람들에게 이익이었다. 이것이 예전에 공공 운송 체계가 운영되던 방식이다.

하지만 이 독재자는 먼저 칼케돈에서 다시비자(Dacibiza)에 이르는 역참을 폐지하고, 운송인들에게 대신 콘스탄티노플에서 헬레노폴리스 (Helenopolis)[85]까지 바로 가도록 강요했다. 물론 그렇게 가려면 바다로 가야 하기 때문에 아무도 좋아하지 않았다. 그들은 보통 해협을 건널 때 사용하는 작은 보트를 타고 갔기 때문에 폭풍이라도 만나면 큰 위험에 빠졌다. 운송은 속도가 생명이라 잔잔한 날씨가 올 때까지 기다릴 수도 없었다.

황제는 페르시아로 가는 길에는 예전 체계를 이용하는 것을 허락했다. 하지만 멀고 먼 이집트를 포함한 동방의 모든 목적지까지 이르는 길에 있던 수많은 역참들을 줄여서 경로마다 하나씩만 남겨두었다. 게다가 역참에는 말 대신에 당나귀를 지급했다.

결과적으로 각 지방에서 일어난 일들에 대한 소식을 전달하기가 무척 어려워졌다. 콘스탄티노플에 소식이 도착할 즈음에는 이미 지방에서

---

85 비잔틴제국의 고대 도시. 콘스탄티노플과 바다를 사이에 둔 비티니아 지방에 있었다.

일어난 일에 대해 대응하기에는 너무 늦은 시간이 되었다. 물론 예전에 곡물을 팔아 소득을 올리던 농장 소유자들도 이제는 남아도는 곡물을 버려야 했다.

첩자들은 다음과 같이 운영되었다. 제국의 재무 부서에서 지급하는 돈으로 많은 남자들이 페르시아 궁정 같은 적국의 주요 지역을 염탐하여 어떤 일이 벌어지는지를 파악하고, 로마에 돌아온 후 황제에게 적의 동향을 보고했다. 그러면 로마인들은 기습당하는 일 없이 침입에 미리 대비할 수 있었다.

이 체계는 특히 메디아인들에 대비하기 위해 오랫동안 유지하던 관행이었다. 그리고 호스로우 역시 자기 첩자들의 급료를 올려주어 사기를 진작시키고 로마의 동향을 파악했다고 한다.

하지만 유스티니아누스는 로마의 첩자를 고용하던 제도를 없애버렸고, 그 결과 메디아인들에게 라지카를 포함한 많은 영토를 빼앗겼다. 로마인들은 페르시아 왕이 군대를 어디로 끌고 갔는지도 몰랐기 때문이었다.

예전에는 국가에서 항상 많은 수의 낙타를 보유하고 있었다. 이 동물들은 로마군이 적을 상대하러 가면서 행군할 때 모든 짐을 운반했다. 그래서 지역 농부들이 대신 짐을 지어 나를 필요도 없었고, 병사들은 필요한 것을 모두 챙길 수 있었다.

그런데 유스티니아누스는 이 동물들을 거의 모두 없애버렸다. 그 결과 이제 로마군이 적과 싸우러 갈 때 보급품을 제대로 운반할 수가 없었다. 이것이 황제란 자가 국가의 이익을 위해서 했다는 짓이다.

그가 행한 말도 안 되는 짓 중에는 이런 것도 있다. 카이사레아에 에반겔리우스라는 이름의 변호사가 살았다. 그는 평판이 나쁘지 않은 인물이었는데, 어느 날 행운의 힘으로 큰 부자가 되었다. 그리하여 그는 포르피레온이라는 이름의 바닷가에 있는 마을을 3센테나리우스를 주고 통째로 사버렸다.

그 소식을 들은 유스티니아누스는 즉시 그로부터 이 마을을 빼앗아버렸다. 황제는 그에게 단지 아주 작은 돈만을 돌려주고는, "평범한 변호사일 뿐인 에반겔리우스가 그런 마을의 영주가 된다는 것은 좋지 않다"라고 했다고 한다.

흠, 이런 이야기들을 끝없이 늘어놓아서는 책을 끝낼 수가 없겠다.

그렇지만 유스티니아누스와 테오도라가 도입한 몇 가지 혁신들만은 이야기할 만한 가치가 있다. 예전에는 원로원 의원이 황제에게 다가갈 때 다음과 같이 경의를 표시했다.

귀족이 먼저 황제의 오른쪽 가슴에 키스하면, 황제가 그 귀족의 이마에 키스한 후 물러가도 좋다고 신호했다. 그러면 신하는 오른쪽 무릎을 굽힌 채 황제를 바라보며 뒤로 물러났다. 그러나 황후에게는 별도의 의

전이 없었다.

하지만 유스티니아누스와 테오도라를 알현하는 자들은 달랐다. 그들은 귀족이든 평민이든 할 것 없이 먼저 얼굴을 바닥에 붙이고 손과 발을 최대한 뻗은 후 황제의 한쪽 발에 키스한 후 다른 쪽 발에도 키스하고 뒤로 물러났다. 테오도라에게도 역시 똑같이 해야 했다. 심지어 그녀는 페르시아나 여타 야만인들의 사절이 왔을 때, 마치 자신이 로마제국의 지배자인 양 그들에게 선물을 하사하기도 했다. 그녀의 행동은 로마제국의 역사에서 한 번도 없던 일이었다.

예전에는 황제의 측근들이 황제를 황제라 부르고, 황후는 황후라고 불렀다. 그리고 다른 관리들은 관직에 따라 그 이름을 불렀다. 그러나 만약 유스티니아누스와 테오도라를 '폐하', '저하' 등의 경칭을 빼고 그냥 황제, 황후라고 불렀다가는, 혹은 본인을 '노예'라고 칭하는 것을 잊었다가는, 무식하거나 무례한 것으로 간주되어 심각한 범죄라도 저지른 사람처럼 욕을 먹고 당장 그 자리에서 쫓겨날 것이다.

예전에는 아주 소수만이 궁정 출입이 허용되었고, 그것도 아주 까다로운 절차를 거쳐야 했다. 그런데 이 두 사람이 권력을 잡은 후에는 집정관 등 많은 사람들이 거의 궁정에서 살다시피 했다.

유스티니아누스 치세 전에는 집정관들이 양심에 따라 법정에서 법을 집행하고, 자기 사무실에서 행정 업무를 처리했다.[86] 따라서 시민들은 딱히 그들의 결정에 불만을 품을 이유가 없었고, 황제에게 호소할 거리도 없었다.

그러나 신민들에게 고통을 안겨주기로 작심한 유스티니아누스와 테오도라는 집정관들에게 결정을 맡기지 않고 본인들이 모든 것을 직접 결정함으로써 다른 모든 사람들을 노예로 만들었다. 그리하여 정작 법정은 매일같이 텅텅 비었는데, 궁정은 온갖 이해관계가 있는 사람들로 바글거렸다.

황제와 가장 가깝다고 하는 측근들은 밤이고 낮이고, 자지도 먹지도 않고 지쳐 쓰러질 때까지 궁정에서 버텼다. 이것이 가장 운이 좋다고 하는 자들이 하는 일이었다.

이런 종류의 일과는 거리가 먼 사람들은 "로마제국의 재부(財富)는 다 어디로 갔을까?" 하고 묻곤 했다. 어떤 이들은 이미 야만인들이 다 가져갔다고 확신했고, 다른 이들은 황제가 자신만이 아는 장소들에 숨겨놓았다고 말했다. 하지만 인간이든지, 악마의 왕이든지 유스티니아누스가 세상을 떠나야만이 살아남은 사람들이 진실을 알아낼 수 있을 것이다.

---

86 로마의 집정관들은 행정 업무 외에 사법 업무를 맡기도 했음.